Previously published by Xánath Caraza:

Corazón Pintado: Ekphrastic Poems

Conjuro

by

Xánath Caraza

MAMMOTH PUBLICATIONS
LAWRENCE, KANSAS

© 2012   Xánath Caraza, English, Spanish, Nahuatl text
© 2012   José Jesús Chán Guzmán, cover art

Cover art is a preliminary study of hands detail of the mural
    Xochipilli, 2007, water color
Frontspiece drawing by Xánath Caraza

Co-translation of "Sihuatl" by Rafaela Enríquez Mejía and the
    author.
Translation of "Fukushima Daiishi 1" and "Tree of Life" by Sandra
    Kingery.
Co-translation of "Mujer" (English) by Stephen Holland-Wempe and
    the author.
All other translations by Xánath Caraza except where noted.

ISBN 978-0-9837995-6-6
MAMMOTH PUBLICATIONS
1916 STRATFORD RD.
LAWRENCE, KS 66044-4540
www.mammothpublications.com
mammothpubs@hotmail.com

Publisher's note: *Conjuro (Spellbound)* is a trilingual text: English, Spanish, and Nahuatl (the indigenous Aztec language of Mexico).

Para Steve, mi poeta

Macuilxochitzin
Tecuixpo Ixtlaxóchitl
Juana Inés de la Cruz
Epifanía Guerra

+

Cuando la noche y el día se hacen uno
La tierra canta al unísono- La serpiente
Emplumada desciende con su sombra.
Xánath Caraza

When night and day become one
Earth sings at unison - the Feathered
Serpent descends alongside its shadow
Trans. Francisco X. Alarcón

+

You are the master
of your own adventures,
and navigate life with your heart.

Introduction: A Terrestrial Tapestry of Strong Linguistic Currents

> Is there a way to be gone and still
> belong? Travel that takes you home?
>
> Is that life?—to stand by a river and go?
> —William Stafford, "Quo Vadis"

In these lines I read filaments that Xánath Caraza weaves into her vivid, incantatory, and enchanting *Conjuro*. Caraza is a poet who travels across languages and geographies, histories and identities, in conjuring a new language that helps her to travel home. Through this poetic journey—part American Indian (Nahuatl), part African, part Midwestern American, and part European—she calls on her readers to experience within poetry's music the feeling of exile yet still needing to belong. I evoke Stafford simply because he's often remembered for growing up in Kansas, where his imagination became rooted and restless, and although he lived a majority of his poetic life outside Kansas, Stafford became the great American poet from the Middle West—and I make this connection in order to read and place Xánath Caraza's poetic achievement within this heartland, while also considering how Caraza poetically dwells within and travels from the Middle West; navigates rich and strong linguistic currents; and creates a terrestrial tapestry that shares the magical enchantment of her poetry.

Xánath Caraza is a scholar, teacher, and activist—a *poeta* deeply residing in the earth. The speaker of "Of Synonyms, Euphemisms, and Other Figures of Speech" sings:

> Freedom and education are synonyms for me.
> Professor, teacher, and social activist, are likewise.
> Pronouncing ancestral languages of my heritage is resistance.
> The voice of the Sun is a euphemism.
> The SB 1070 Arizona law is as a shame. A simile.
> Wind brings the time of freedom to the silence of the desert.
> An alliteration. (75)

Perhaps the dream for many writers of Hispanic origins is heard in Pablo Neruda's *Residencia en la tierra* (*Residence on Earth*). Given Neruda's poetry and life, Caraza seems to recognize that she must fully inhabit the earth without succumbing to nationalism, poetic school, or creed—and, therefore, fully reside in the fecundity of the *tierra* where the *canto hondo* is heard, sung, and shared as poetry's communal gift. Caraza listens for and names that deep song of the earth in her evocation of "Women's strength" as a:

> Creative force that sings
> That awakens
> That guides through the dark labyrinth
> That whispers into the ear the lost road
> That invites to live
> *Tonantzin*.... (29)

"Ancestral Strength" is a form of *ars poetica* that helps the *poeta* to hear the "lost road" she must reclaim and travel. She throws light on the possibility that many of *Conjuro's* poems arise from the sources and locations where "Women's strength flows":

> Among pages
> Of lost poems
> Of forgotten glyphs
> Among galleries
> Of engraved images
> Poetry tattooed on the skin
> *Xochipilli*.... (29)

    Xánath Caraza is a poet and artist who discovers lyricism and beauty through obsession, repetition, rhythm, and, as is often read in these poems with great pleasure, the act of creativity, the act of writing poems from the particular, fleeting, glimpsed moment where poetry is found. She taps into the geography of the silenced and silences. Those "lost poems" and "forgotten glyphs," spaces in various "galleries"—natural, historical, and manmade—where "brushstrokes" are present; here is where she reads the signs and conjures the words to both capture and create "engraved images," so "Poetry [becomes] tattooed on the skin" of objects, memories, encounters, imaginings; and the poet and the reader share ink, skin, and life.

    Xánath Caraza is a poet and artist who traverses complexity with imagination and grace by allowing figurative language and poetic creation to shine on the page:

> Ancestral feminine strength
> On *amate* paper

> Surrenders itself
> To the intricate designs
> Of drawn phrases
> *Coyolxauqui* . . . . (30)

In her recent chapbook *Corazón Pintado*, ekphrastic poems formed through lyrical intensity and narrative seemed to share Caraza's "intricate designs," her "drawn phrases." In *Conjuro* she has transitioned into new territory, and in marvelous ways. The ekphrastic is still present at times in *Conjuro*, and yet many of the poems move from the response of the "heart inflamed with passion" to a state of poetic being where ancestral strength is invoked, conjured into existence and named, thus making room for that strength to inflame the heart with a language that moves from the page to a communal space that contains speaker, reader and strength, a space where poetry "Bursts / Breathes / Feels / Lives / *Tlazoteotl*"(29).

Reading the trope of travel in *Conjuro* is not accidental. Perhaps "migration" is more apropos. Human migration has been a part of Western literature since its origins—societies, cultures, languages, economies, and the shape of history itself transformed by massive states of migration across the world. Maybe the instantaneous nature of the media portends migration as the "hot button" and *au courant* issue when it is yoked with "Latinos," when, of course, migration has been happening for centuries. What is essential to remember is that when peoples migrate, linguistic borders are crossed, and poetry and art often become more diverse and rich in the traffic of these crossings. Xánath Caraza is an extraterritorial poet; she crosses mythologies and languages—Spanish, English, and Nahuatl—and crosses geographies—Mexico, the United States, and Spain—all the while residing in an extraordinary poetic space where she mixes her migration as a *poeta*. What we read in her poetry is the sound of language becoming new. Caraza takes her readers to other side by transporting other languages into English, while also carrying English readers over into other geographies and languages. Turn, for example, to the poems "Netzahualcóyotl," "Ehecacóatl," and "Ambiquizltli ." These are trilingual poems, and the beauty of them—like seeing a "snake of wind"—is in becoming one with each poem's time and image in order to become possessed by each poem's special rhythm and time. It is in this becoming that we hear Caraza creating a language we intuit on the tips of our own tongues. This is not to say these are "easy" poems to read. But how marvelous to follow Caraza as she finds residence in these strong linguistic currents.

Two of my favorite poems are "Yanga," dedicated to Luis Reyes Rivera (33-4), and "Underneath my Mango Tree," dedicated to Viviana Grieco (36). These poems are especially powerful for the ways Caraza mixes music, historical record, and narrative to create a new poetic myth the reader is allowed to participate within. Through an incantation of sound and rhythm, image and metaphor, Caraza exorcises the sanctioned or established history that does not account for the musical, magical human spirit or the musical, magical wonder of words. "Yanga" is not so much a poem I can quote. Rather, I suggest that readers sing underneath trees or down along a river, luxuriating in the music stirred within, and how that music finds its dwelling in the natural world. In "Underneath my Mango Tree" we return to the theme of "Women's strength," and here the *poeta* must draw from "the shade of the tree" and the "tropical air," and there in that glimpse, find where women's strengths "burst from the turbulent river" (36). She tells us:

> Before me, currents of forgotten women
> Current of misplaced names
> Of suppressed voices by official history
>
> Water boils up from the center of the earth
> Turquoise blue with brilliant ambers
> Aquatic stridency
>
> This tree that I sketch celebrates the shadows that accompany [me
> Celebrate the women censured by official history
>
> Words born from the branches that I sketch as ripe mangos
> Through my verbs they are reborn . . . . (36)

These are the essential shadows the *poeta* travels with; and the more readers take part in *Conjuro*'s creative journey, the more these shadows become words—English, Spanish, and Nahuatl words—the more readers hear Caraza remembering and invoking. They are reborn.

    I am trying to do justice to the rich poetic traditions Caraza draws from, but this would require more space than this introduction. There is artistry in these poems, and with this artistry there is a special way of seeing and hearing and feeling that returns us to the earth with fresh eyes, ears, and hearts. In the poem "Mujer" we encounter the invocation of language and creativity, and we hear of a "Silent voice that tolerates / Creative thought, deviant thought, stored thought" (44). Part of

Caraza's poetic gift is how she tolerates or allows her imagination to dwell in thoughts that are creative, deviant, and stored.

I think that by growing up as a bilingual child (an experience perhaps more common and less disavowed today) doubles the color of memory. Memory becomes a silent voice in which I hear sounds, smells, light, and words themselves echoing, reverberating, and glowing with the potency of childhood colors. These illuminate recollection. Caraza writes:

> Poetry is a feeling of orange
> Translated with surgical precision
> And placed on paper
>
> It is breathing deep
> Space and rhythmic palpitations
> Liltingly excessive
>
> It is the sound of rain on the roof of my mother's house
> The smell of moistened earth and thick mist in the morning
> Torrent of memories kept in the heart
>
> It is the sound of the back corner of the kitchen
> Of literary stews melting flavors
> Childhood words . . . . ("Linguistic Filigree" 131)

In *Conjuro* one is often startled by Caraza's a wondrous relation with color and deep imagery. A few lines from "Saint Chapelle" fill us with color and imagery and light:

> The beauty of light through stained glass windows
> Transforms my body to color
> I am sitting among the reflected people
> Observing tones of blue and gold
> I feel them filling me
> Illuminating me . . . . (101)

In poem after poem, the colors and deep images become most palpable because Caraza reveals the shape of poems through elision, collage, and juxtaposition. A great beauty in *Conjuro* is to follow this making. In "Cempaxóchitl" we encounter:

> Color of the eternal cycle of change

> Four hundred abundant petals
> Musical notes in the pentagram of life
> Lost points in return paths
> As torches that show the forgotten footprints.... (56)

In reading these poems, the experience is that of "filigree" or openwork where the words on the page not only create patterns but also holes or frames or ellipses. Imagine, say, the inside architecture of the Alhambra or the Mezquita in Córdoba, the delicate yet strong lace of a Spanish mantilla, the images and story encountered in the seemingly open or silent spaces of a tapestry or in the pages of the *Codex Mendoza*. Each is created through a kind of openwork where the imagination has space to soar with intuition and conviction. Part of what makes this sense of openwork all the more remarkable in *Conjuro* is the choices Caraza has made to masterfully sequence poems, to create various triptychs, so poems begin to echo each other, re-approach each other, and thus translate each other. Poems begin to expand and breathe in community through Caraza's translations.

Live with these poems. Read them silently, read them aloud, and share them with others.

> Pudiera escuchar estos cantos cada día mi vida
> Encatamientos musicales
> Tradición oral del corazón.... ("En las calles de Granada" 128)
> ...
> I could listen to these chants every day of my life
> Musical enchantments
> Oral traditions of the heart.... ("Along the Streets of Granada" 129)

To travel *Conjuro's* poetic, terrestrial tapestry, to let its strong linguistic currents move you, is to reside on the earth that Xánath Caraza sings into existence. I could listen to her cantos all the days of my life, and know in this music the enchantments, traditions, and streets to travel back toward home.

Fred Arroyo, 2012

William Stafford quotation is from *The Way It Is:: New and Selected Poems*. (Minneapolis: Graywolf Press, 1998, page 38).

Introducción: Un Tapiz Terrenal de Fuertes Corrientes Lingüísticas

> ¿Hay alguna manera de irse y aún pertenecer?
> ¿Hay algún viaje que te lleve a casa?
>
> ¿Es eso vida?— ¿Estar en compás de espera frente al río e irse?
>
> —William Stafford, "Quo Vadis"

En estas líneas leo filamentos que Xánath Caraza entreteje en su vívido, mágico y hechizante *Conjuro*. Caraza es una poeta que viaja a través de lenguajes y geografías, historias e identidades, al conjurar un lenguaje nuevo que la ayude a viajar a casa. A través de este viaje poético—parte amerindio (náhuatl), parte africano, parte del centro-oeste americano y parte europeo—llama a sus lectores a experimentar dentro de la propia música de la poesía el sentimiento de haberse ido y aún necesitar pertenecer. Evoco a Stafford simplemente porque él es a menudo recordado por haber crecido en Kansas, donde su imaginación echó raíces y fue incansable, y aúnque vivió la mayor parte de su vida poética fuera de Kansas, Stafford se convirtió en el gran poeta americano del centro-oeste—y hago esta conexión para leer y ubicar los logros poéticos de Xánath Caraza en esta tierra del centro al tiempo de también considerar cómo poéticamente Caraza habita y viaja en y desde el centro-oeste; navega corrientes lingüísticas ricas y fuertes; y crea un tapiz terrenal que comparte el encantamiento mágico de su poesía.

Xánath Caraza es una escolar, maestra y activista—una poeta que reside profundamente en la tierra. La voz poética de "De sinónimos, eufemismo y algunos tropos" canta:

> Libertad y educación son palabras sinónimas para mí.
> Profesor, maestro y activista social también lo son.
> Pronunciar en voz alta los idiomas ancestrales de mi sangre.
> Un acto de resistencia.
> La voz del sol. Un eufemismo para ese mismo acto.
> La ley SB 1070 de Arizona es como la vergüenza. Un símil.
> Viento lleva el tiempo de libertad hasta el silencio del desierto.
> Una aliteración. (73)

Quizás el sueño de muchos escritores de origen hispano es escuchado en *Residencia en la tierra* (*Residence on Earth*) de Pablo Neruda. Dada la vida y poesía de Neruda, Caraza parece reconocer que debe habitar plenamente la tierra sin caer en nacionalismos, escuelas poéticas o credos—y, por lo tanto, residir completamente en la fecundidad de la tierra donde el cante jondo es escuchado, cantado y compartido como un obsequio comunal de la poesía. Caraza escucha y nombra esa canción profunda de la tierra en su evocación a "Fuerza de mujer" como una:

> Fuerza creadora que canta
> Que despierta
> Que guía entre el oscuro laberinto
> Que susurra al oído el camino extraviado
> Que invita a vivir
> *Tonantzin*.... ("Fuerza ancestral" 27)

"Fuerza ancestral" es una forma de *ars poetica* que ayuda a la poeta a oír el "camino perdido" que debe reclamar y viajar. Ella da luz a la posibilidad de que muchos de los poemas de *Conjuro* salen de fuentes y lugares donde la "fuerza de mujer fluye"

> Fuerza de mujer que fluye
> Entre las páginas
> De poemas extraviados
> De signos olvidados
> Entre galerías
> De imágenes grabadas
> Poesía tatuada en la piel
> *Xochipilli*.... (27)

Xánath Caraza es una poeta y artista que descubre lo lírico y la belleza a través de la obsesión, repetición, ritmo, y como muchas veces leído en estos poemas, con gran placer, el acto de la creatividad, el acto de escribir poemas desde el particular momento fugaz y breve desde donde la poesía es encontrada. Ella cae en la geografía del silenciado y los silencios. Aquellos "Poemas extraviados" y "signos olvidados," espacios en varias "galerías" —naturales, históricas y hechas por el hombre—donde las "pinceladas" están presentes; aquí es donde ella lee las señales y conjura las palabras tanto para capturar y crear "imágenes grabadas" como "Poesía [que se vuelve] tatuada en la piel" de objetos, recuerdos, encuentros, imágenes; y la poeta y el lector comparten tinta, piel y vida.

Xánath Caraza es una poeta y artista que atraviesa la complejidad con imaginación y gracia al permitir al lenguaje figurativo y la creación poética brillar en la página:

> Fuerza femenina ancestral
> Sobre papel amate
> Que se entrega
> A los intrínsecos diseños
> De las frases dibujadas
> *Coyolxauqui* . . . . (28)

En su reciente plaquette *Corazón Pintado*, poemas ecfrásticos formados a través de intensidad lírica y narrativa parecen que comparten los "intrínsecos diseños" de Caraza con sus "frases dibujadas". En *Conjuro* ha hecho la transición a nuevo territorio y de manera maravillosa. Lo ecfrástico aún está presente, en ocasiones, en *Conjuro* y todavía muchos de los poemas se mueven desde la respuesta del "corazón enardecido" hasta un estado de ser poético donde la fuerza ancestral es invocada, conjurada a la existencia y nombrada, por lo tanto hace espacio a esa fuerza para enardecer el corazón con un lenguaje que se traslada de la página a un espacio compartido que contiene hablante, lector y fuerza, a un espacio donde la poesía "explota / respira / siente / vive / *Tlazoteotl*" (28).

Leer los tropos de viaje en *Conjuro* no es accidental. Quizás "migración" sea más apropos. La migración humana ha sido parte de la literatura occidental desde sus orígenes—sociedades, culturas, lenguajes, economías y la formación de la historia por sí misma transformada por estados masivos de migración en el mundo. Tal vez la naturaleza instantánea de los medios de comunicación dibuje la migración como "el tema candente" y tópicos au courant cuando son asociados con "Latinos", cuando, por supuesto, la migración ha sucedido por siglos. Lo que es esencial recordar es que cuando la gente emigra las fronteras lingüísticas son cruzadas y la poesía y el arte frecuentemente se vuelven más diversos y ricos con el tránsito de estos intercambios. Xánath Caraza es una poeta extraterritorial; atraviesa mitologías y lenguajes—español, inglés y náhuatl—y atraviesa geografías—México, los Estados Unidos y España— todo esto mientras reside en un espacio poético extraordinario donde mezcla su migración como poeta. Lo que leemos en su poesía es el sonido del lenguaje volviéndose nuevo. Caraza lleva a sus lectores a otro lado al transportar otros idiomas dentro del inglés, al tiempo de llevar a los lectores de inglés a otras geografías e idiomas. Vaya, por ejemplo, a los poemas "Netzahaulcóyotl", "Ehecacóatl" y "Amiquiztli [Para Steve]".

Estos son poemas trilingües y la belleza de estos—como ver una "culebra de viento"—es el hacerse uno con el tiempo e imagen de cada poema para dejarse poseer por el ritmo y tiempo especial de cada poema. Es en este devenir que escuchamos a Caraza crear un lenguaje que intuimos en la punta de nuestra lengua. No es decir que estos poemas sean "fáciles" de leer. Mas que maravilla al trabajar en seguir a Caraza mientras ella encuentra residencia en estas fuertes corrientes lingüísticas.

Dos de mis poemas favoritos son "Yanga" [Para Louis Reyes Rivera]" y "Bajo mi árbol de mangos [Para Viviana Grieco]." Estos poemas son especialmente poderosos por la forma en que Caraza mezcla música, registro histórico y narrativa para crear un mito poético nuevo en el cual al lector se le permite participar. A través de un encantamiento de sonido y ritmo, imagen y metáfora, Caraza exorciza la historia sancionada o establecida que no toma en cuenta lo musical, ni el espíritu humano mágico o musical, ni lo mágico maravilloso de las palabras. "Yanga" no es tanto un poema que pueda citar como sugerir a los lectores que lo canten bajo un árbol o frente al río, regocijándose con la música que se revuelve dentro de éste y ver cómo esa música encuentra residencia en el mundo natural. En "Bajo mi árbol de mangos," para Viviana Grieco, volvemos al tema de "fuerza de mujer," y aquí la poeta debe dibujar desde "la sombra del árbol" y el "aire tropical" y ahí, desde ese abrir y cerrar de ojos, desde donde la Fuerza de mujer "emana del turbulento río" (35). Ella nos dice:

> Frente a mí, caudales de mujeres olvidadas.
> Corriente de nombres extraviados.
> De voces suprimidas por la historia oficial.
>
> Agua que hierve desde el centro de la tierra.
> Azul turquesa con ámbares brillantes.
> Acuática estridencia.
>
> Este árbol que trazo es para celebrar las sombras que me
> [acompañan.
> Para celebrar las mujeres censuradas por la historia oficial.
>
> Las palabras nacen de las ramas que delineo, como mangos
> [maduros.
> A través de mi verbo renacen . . . . (35)

Estas son sombras esenciales con las que la poeta viaja, y entre más tomen parte los lectores del viaje creativo de *Conjuro*, lo más que estas sombras se transforman en palabras—palabras en inglés, español y náhuatl—los lectores oyen a Caraza recordar e invocar mientras están renaciendo.

Estoy tratando de hacer justicia a las ricas tradiciones poéticas desde donde Caraza viene—pero esto requeriría más espacio que esta introducción. Hay maestría en estos poemas, y con esta maestría hay una manera especial de ver y oír y sentir que nos regresa a la tierra con ojos, oídos y corazones frescos. En el poema "Mujer" encontramos la invocación al lenguaje y a la creatividad y escuchamos una "Voz silenciosa que soporta / pensamiento creativo, pensamiento desviado, pensamiento guardado" (43). Parte del don poético de Caraza es cómo tolera o permite a su imaginación habitar en pensamientos creativos, desviados y guardados.

Pienso que por crecer bilingüe (quizás una experiencia más común y menos repudiada hoy en día) la niñez duplica el color de la memoria. Es una especie de voz silenciosa donde oigo sonidos, olores, luces y palabras que por sí mismas hacen eco, resuenan y brillan con la potencia de los colores de niñez que iluminan el recuerdo. Caraza escribe:

> Poesía es sentimiento anaranjado
> Traducido con precisión quirúrgica
> Y colocado en el papel
>
> Es respiración profunda
> Espacio y palpitaciones rítmicas
> Cadenciosas, excesivas
>
> Es sonido de lluvia en el techo de la casa de mi madre
> Olor a tierra mojada y bruma densa de la mañana
> Fluido de recuerdos guardados en el corazón
>
> Es sonido en el fondo de la cocina
> De guisados literarios fundiendo sabores,
> Vocablos de niñez . . . . ("Filigrana lingüística" 130)

En *Conjuro* uno está a menudo sobresaltado por la asombrosa relación de Caraza con el color y la profundidad de las imágenes. Unas cuantas líneas de "Saint Chappelle" nos llenan con color e imágenes y luz:

> La belleza de la luz a través de los vitrales
> Transforma mi cuerpo en color
> Estoy sentada entre la gente que se refleja

> Observo los azules y dorados
> Los siento llenarme
> Iluminarme . . . . (100)

En poema tras poema los colores e imágenes profundas se vuelven más palpables porque Caraza descubre la forma de sus líneas y poemas a través de la elisión, el collage y la yuxtaposición. Una de las grandes bellezas de *Conjuro* es seguir este hacer. En "Cempaxóchitl" encontramos:

> Color del ciclo eterno del cambio
> Cuatrocientos pétalos abundantes
> Notas musicales en el pentagrama de la vida
> Puntos extraviados en los senderos de regreso
> Como antorchas que muestran las huellas olvidadas . . . . (55)

Al leer estos poemas la experiencia es la de "filigrana" o un calado donde las palabras en la página no sólo crean patrones sino también huecos o marcos o elipses. Imagine, por decir, la arquitectura interna de la Alhambra o la de la Mezquita de Córdoba, el delicado y aun fuerte encaje de una mantilla española, imágenes e historia encontradas en el aparentemente espacio abierto o espacio silencioso de un tapiz o en las páginas del *Código Mendoza*. Cada uno es creado a través de un tipo de calado donde la imaginación tiene espacio para dispararse con intuición y convicción. Parte de lo que provoca esa sensación de calado aún más notablemente en *Conjuro* son las elecciones que Caraza ha hecho para magistralmente ordenar los poemas al crear varios trípticos, de tal forma que los poemas comienzan a hacerse eco uno con el otro, se reenfocan uno en el otro y, de este modo, se traducen el uno al otro. Lo poemas comienzan a expandirse y a respirar en comunión a través de las traducciones de Caraza.

Viva con estos poemas. Léalos silenciosamente, léalos en voz alta y compártalos con otros.

> Pudiera escuchar estos cantos cada día mi vida
> Encatamientos musicales
> Tradición oral del corazón . . . . ("En las calles de Granada" 128)

> I could listen to these chants every day of my life
> Musical enchantments
> Oral traditions of the heart . . . . ("Along the Streets of Granada" 129)

Viajar en la poética de *Conjuro*, tapiz terrenal, permitir que sus fuertes corrientes lingüísticas le conmuevan es residir en la tierra donde Xánath Caraza canta a la existencia. Pudiera escuchar sus cantos todos los días de mi vida y reconocer en esta música los encantos, las tradiciones y las calles para viajar de regreso a casa.

Fred Arroyo, 2012

William Stafford quotation is from *The Way It Is:: New and Selected Poems*. (Minneapolis: Graywolf Press, 1998, page 38.)

Table of Contents

Introduction by Fred Arroyo 7
    Introducción por Fred Arroyo 13

Conjuro 27
    Spellbound 28

Fuerza ancestral 29
    Ancestral Strength 31

Yanga (Spanish) 33
    Yanga (English) 35

Bajo mi árbol de mangos 37
    Underneath My Mango Tree 38

Macuilxochitzin (Spanish) 39
    Macuilxochitzin (English) 40

Imagen Digital/Digital Image 41

Mujer (Spanish) 44
    Mujer (English) 46
        Sihuatl (Nahuatl) 48

Anillos de piedra 50
    Rings of Stone 51

Quiahuiztlán (Spanish) 52
    Quiahuiztlán (English) 53

Netzahualcóyotl (Nahuatl, Spanish, & English) 54

Ehecacóatl (Nahuatl, Spanish, & English) 55

Amiquiztli (Nahuatl, Spanish, & English) 56

Cempaxóchitl (Spanish) 57
    Cempaxóchitl (English) 58

Día de muertos (Spanish) 59
    Día de muertos (English) 61

Luz de octubre 63
    October Light 64

Ante el río 65
    Before the River 66

Hijos de Lautaro 67
    Children of Lautaro 69

Fukushima Daiichi 1 (Spanish) 71
    Fukushima Daiichi 1 (English) 72

Hoy mujeres y hombres 73
    Today Women and Men 74

De sinónimos, eufemismos y algunos tropos 75
    Of Synonyms, Euphemism and Other Figures of Speech 77

El dragón de fuego 79
    Dragon of Fire 78

Anoche soñé con la niebla 83
    Last Night I Dreamt about Fog 84

Culebra de humo blanco 85
    White Smoke Snake 86

Claveles rojos 87
    Red Carnations 88

Café de media tarde 89
    Mid-Afternoon Coffee 90

Fin de semester 91
    End of Semester 92

Tropical Roads 93

Árboles de niñez 94
    Trees of Childhood 95

Olor a mar del norte 96
    Fragrance of the Northern Sea 97

Nanaimo (Spanish) 98
    Nanaimo (English) 99

Hombres delfín 100
    Dolphin Men 101

Saint Chappelle (Spanish)   102
　　Saint Chappelle (English)   103

La ciudad prohibida   104
　　Forbidden City   105

Música Acuática   106
　　Water Music   107

Primer día en Chicago   108
　　First Day in Chicago   109

Gitanos en Chicago   110
　　Gypsies in Chicago   111

"El jardín del poeta" de Van Gogh   112
　　"The Poet's Garden" of Van Gogh   113

Verde eterno   114
　　Eternal Green   115

Mujer rodeada de agua   116
　　Woman Surrounded by Water   117

Caminata vespertina en el Nelson-Atkins   118
　　Afternoon Walk at the Nelson-Atkins   119

Árbol de vida   120
　　Tree of Life   123

En la fuente del Alcázar de Córdoba   126
　　At the Fountain of the Alcazar of Cordoba   127

Imperante necesidad   128
　　Prevailing Necessity   129

En las calles de Granada   130
　　Along the Streets of Granada   131

Filigrana linguistic   132
　　Linguistic Filigree   133

Rubíes en la piel   134
　　Rubies in the Skin   135

Conjuro

Conjuro de ángeles, demonios y duendes
que hacen que la Tierra se desgarre.
Que el aire gima y grite entre los árboles.
Conjuro de dioses y demonios
que hace que mis pensamientos vibren

¡Oh fuerza bruta! Implacable que suena
y sacude cada rincón de la Tierra.
Temblores internos, temblores externos
que se hacen uno y quiebran la tierra.

Hoy te conjuro para que despiertes
del letargo que te mantiene cautiva.
Hoy invoco al norte, sur, este y oeste.
Hoy te conjuro
A ti, guardiana de mi sueño.

A la canción de cuna que se oye a lo lejos.
Al origen de mi sangre, de mi vida, de mi dolor.
A la guardiana de mis noches más oscuras.
Conjuro tu nombre, aquí en mis pensamientos.

Spellbound

Spell of angels, demons and *duendes* causes the Earth to tear
Make howls and screams among the trees
Spell of gods and demons unsettles my thoughts

Oh brutal strength! Unrelenting strength that resonates
and shakes each corner of the Earth
Inner quakes, external quakes that unite
and crack the Earth

Today I call on you to wake from the deep slumber
that holds you captive
Today I invoke north, south, east and west
Today I cast a spell on you
On you, keeper of my dream

To the lullaby that is heard from afar
To the origin of my blood, of my life, of my pain
To the keeper of my darkest nights
Here in my thoughts, I put a spell on your name

Fuerza ancestral

Fuerza de mujer
Delicada
Que fluye en aguas rojas
Pensamientos concéntricos
Fuerza que renace
Se enreda en las copas de los árboles
Cihuacóatl

Fuerza creadora que canta
Que despierta
Que guía entre el oscuro laberinto
Que susurra al oído el camino extraviado
Que invita a vivir
Tonantzin

Latidos de obsidiana
De fuerza incandescente
De humo azul
Corazón de piedra verde
Frente a ti están
Otras vibraciones femeninas
Yoloxóchitl

Fuerza de mujer que fluye
Entre las páginas
De poemas extraviados
De signos olvidados
Entre galerías
De imágenes grabadas
Poesía tatuada en la piel
Xochipilli

Corazón enardecido
Que explota
Respira
Siente
Vive
Tlazotéotl

Montañas de malaquita
Áureo torrente matutino
Que recorre los surcos
Del cuerpo
Coatlicue

Fuerza femenina ancestral
Sobre papel amate
Que se entrega
A los intrínsecos diseños
De las frases dibujadas
Coyolxauqui

Pensamiento de jade
Que se evapora con la luna
Que se integra a los caudalosos blancos ríos
Tonantzin

Fuerza de mujer
Del lejos y cerca
De arriba y abajo
Del dentro y de fuera
De ciclo eterno
Fuerza dual
De cielo de granate
Cihuacóatl, Tonantzin
Yoloxóchitl, Xochipilli
Tlazotéotl, Coatlicue
Coyolxauqui, Chicomecóatl
Guirnaldas de flores blancas las celebran
Plumas de quetzal adornan las cabelleras
Las abuelas creadoras cantan
Al unísono en esta tierra
Fuerza femenina, ancestral

Ancestral Strength

Women's strength
Delicate
Flows in red waters
Concentric thoughts
Strength reborn
Tangles in the tree tops
Cihuacoatl

Creative force that sings
That awakens
That guides through the dark labyrinth
That whispers into the ear the lost road
That invites to live
Tonantzin

Heartbeats of obsidian
Of incandescent strength and
Of blue smoke
Heart of green stone
Before you are
Feminine vibrations
Yoloxochitl

Women's strength flows
Among pages
Of lost poems
Of forgotten glyphs
Among galleries
Of engraved images
Poetry tattooed on the skin
Xochipilli

Heart inflamed with passion
Bursts
Breathes
Feels
Lives
Tlazoteotl

Mountains of malachite
Golden morning torrent
Flows along the channels
Of the body
Coatlicue

Ancestral feminine strength
On *amate* paper
Surrenders itself
To the intricate designs
Of the drawn phrases
Coyolxauqui

Thought of jade
Evaporates with the Moon
Integrates into the white water rivers
Tonantzin

Women's strength
From far away and near
From above and below
From inside and out
Of the eternal cycle
Dual strength
Sky of garnet
Cihuacoatl, Tonantzin
Yoloxochitl, Xochipilli
Tlazoteotl, Coatlicue
Coyolxauqui, Chicomecoatl
White flower garlands celebrate you
Feathers of Quetzal decorate your long tufts
Grandmothers sing
In unison on this land
Ancestral, feminine strength

Yanga

    Para Louis Reyes Rivera

Yanga, Yanga, Yanga,
Yanga, Yanga, Yanga,
Hoy, tu espíritu invoco
Aquí, en este lugar.

Este, este es mi poema para Yanga,
Mandinga, malanga, bamba.
Rumba, mambo, samba,
Palabras llegadas de África.

Esta, esta es mi respuesta para Yanga,
Candomble, mocambo, mambo,
Candomble, mocambo, mambo,
Hombre libre veracruzano.

En 1570
Llegaste al puerto de Veracruz,
Encadenado como muchos,
Escapaste de la esclavitud.

Palenque, rumba, samba,
Yanga, Yanga, Yanga,
Espíritu indomable,
Noble hombre de África.

En 1609
Luchaste por la libertad,
Hasta tus puertas llegaron y
No pudieron entrar.

Mandinga, malanga, bamba,
Palenque, rumba, samba,
Palenque, rumba, samba,
Orgullo, ritmo y libertad.

Para 1630
San Lorenzo de los Negros
Se estableció.

Hoy, el pueblo de Yanga.

Candomble, mocambo, mambo,
Yanga, Yanga, Yanga,
Hoy, tu espíritu invoco
Aquí, en este lugar.

Yanga, Yanga, Yanga,
Palenque, rumba, samba,
Mandinga, malanga, bamba,
Candomble, mocambo, mambo.

Candomble, mocambo, mambo,
Mandinga, malanga, bamba,
Palenque, rumba, samba,
Yanga, Yanga, Yanga.

Yanga

For Louis Reyes Rivera

Yanga, Yanga, Yanga
Yanga, Yanga, Yanga
Today, your spirit I invoke
Here, in this place

This, this is my poem for Yanga
Mandinga, malanga, bamba
Rumba, mambo, samba.
Words having arrived from Africa

This, this is my answer for Yanga
Candomble, mocambo, mambo
Candomble, mocambo, mambo
Free man of Veracruz

In 1570
You arrived at the Port of Veracruz
In chains as many
You escaped slavery

Palenque, rumba, samba
Yanga, Yanga, Yanga
Unconquerable spirit
Noble man from Africa

In 1609
You fought for freedom
At your doors, they arrived and
They couldn't come in

Mandinga, malanga, bamba
Palenque, rumba, samba
Palenque, rumba, samba
Pride, rhythm and freedom

By 1630
San Lorenzo de los negros
Was established

Today, the town of Yanga

Candomble, mocambo, mambo
Yanga, Yanga, Yanga
Today, your spirit I invoke
Here, in this place

Yanga, Yanga, Yanga
Palenque, rumba, samba
Mandinga, malanga, bamba
Candomble, mocambo, mambo

Condomble, mocambo, mambo
Mandinga, malanga, bamba
Palenque, rumba, samba
Yanga, Yanga, Yanga

Bajo mi árbol de mangos

Para Viviana Grieco

Bajo la sombra del árbol que dibujo, estoy sentada.
Frente a mí la caudalosa corriente lingüística,
Deslizándose sobre el papel.
Esencia de mango fresco, pinceladas amarillas.
Aire tropical.

Cascadas de mujeres emanan del turbulento río.
Como peces efímeros, plateados, voladores.
Letras en el aire.
Fluorescencias gramaticales de ortografía perfecta.
Sor Juana Inés de la Cruz, censurada.

Entre la sintaxis del río florece, Isabel Moctezuma
Última heredera de sangre real azteca
Tecuixpo Ixtlaxóchitl, florecita de algodón.
Reentrenada.

Frente a mí, caudales de mujeres olvidadas.
Corriente de nombres extraviados.
De voces suprimidas por la historia oficial.

Agua que hierve desde el centro de la tierra.
Azul turquesa con ámbares brillantes.
Acuática estridencia.

Este árbol que trazo es para celebrar las sombras que me acompañan.
Para celebrar las mujeres censuradas por la historia oficial.

Las palabras nacen de las ramas que delineo, como mangos maduros.
A través de mi verbo renacen.

Bajo la sombra del árbol que dibujo, estoy sentada.
A la sombra de mi árbol de mangos, perfumados, dibujados, míos.

Underneath My Mango Tree

For Viviana Grieco

Underneath the shade of the tree I draw. I am sitting.
Before me strong linguistic currents
Slide onto the paper
Essence of fresh mango, yellow brush strokes
Tropical air

Cascades of women burst from the turbulent river
As silver, flying, ephemeral fish
Letters in the air
Grammatical fluorescence of perfect words
Sor Juana Ines de la Cruz, censored

Between the syntax of the river blooms Isabel Moctezuma
The last of the heiress of royal Aztec blood
Tecuixpo Ixtlaxochitl, cotton blossom.
Retrained

Before me, currents of forgotten women
Current of misplaced names
Of suppressed voices by official history
Water boils up from the center of the earth
Turquoise blue with brilliant ambers
Aquatic stridency

This tree that I sketch celebrates the shadows that accompany me
Celebrate the women censured by official history

Words born from the branches that I sketch as ripe mangos
Through my verbs they are reborn

Underneath the shade of the tree I draw. I am sitting
In the shade of my mango tree, perfumed, drawn, mine

Macuilxochitzin

Para Denise Low-Weso

Macuilxochitzin, celebro tu poesía
Tú eres una guerrera águila
De entre la oscuridad sales
De entre la historia perdida, emerges

"*A nonpehua noncuica*"
"Elevo mis cantos"
Frase que vive por siempre, Macuilxochitzin

A Axayácatl celebras
Mujer poeta que registra las crónicas de guerra
"*In otepehue Axayaca nohuian*"
"Por todas partes Axayácatl hizo conquistas"

Recuerdas en tu poesía
Las mujeres que salvaron a Tlilatl
Quien hirió a Axayácatl

Macuilxochitzin, tienes flores en tu sangre
Tus cantos, tu poesía
In Xóchitl in cuicatl
Son recordados por siempre

A los cuarenta y un años
Compusiste palabras eternas
Por toda la tierra tus cantos dejan huella

La poesía te reclama, Macuilxochitzin
Tu noble formación se refleja en tus versos
Mujer de palabras de jade

Macuilxochitzin, poeta con sangre de obsidiana
¡Que comiencen los cantos!
¡Que comience la danza!
¡yn in cuicatl!
¡yn maconnetotilo!

Macuilxochitzin

    For Denise Low-Weso

Macuilxochitzin, I celebrate your poetry
You are an eagle warrior
From obscurity you come
Out of lost history, you emerge

"*A nonpehua noncuica*"
"I lift up my chants"
That phrase lives forever, Macuilxochitzin

You celebrate Axayacatl
The woman poet who records chronicles of war
"*In otepehue Axayaca nohuian*"
"Axayacatl conquered all places"

In your poetry you remember
The women who saved Tlilatl
The man who wounded Axayacatl

Macuilxochitzin, you have flowers in your blood
Your chants, your poetry
In Xóchitl in cuicatl
Are remembered forever

At forty-one years of age
You composed eternal words
All over the earth your chants leave their mark

Poetry claims you, Macuilxochitzin
Your nobility is reflected in your stanzas
Woman of jade words

Macuilxochitzin, poet with obsidian blood
Let the chants begin!
Let the dance start!
¡yn in cuicatl!
¡yn maconnetotilo!

Imagen Digital/Digital Image

"Naambo Kananfa Naambo, Guayé
Naambo Kananfa Yé
Nibela Yuku Yuku Labadiato
Naambo Sei Ta La Kananfa"

Soy
Sonido de jaranas en la playa
Arena húmeda en los pies
Olas de mar
Llanto de caracoles marinos

Soy
Viento suave en tu rostro, palmeras
Tierra que huele a copal
Reflejo de luna en agua mansa
Cúspide de pirámide cubierta por la maleza

Soy
Murales azules, milenarios
Pensamiento en español
Rostros grabados en piedra
Caña de azúcar

Soy
Rascacielos
Luz fluorescente
Olor a café de la mañana
Número de seguro social

Soy
Premeditada jungla de edificios grises
Pavimento fragmentado de las aceras
Camino amarillo sin final

Soy
Voces metálicas aglomeradas
Canto de sirenas sin rumbo
Motores empezando la carrera
Ruido de las calles

Prisa de la mañana
Y embotellamiento de la ciudad

Soy
Mujer de color
Imagen digital
Soy

I am
The strumming of *Jaranas*
Along the beach
Wet sand under my feet
Waves from the ocean
The weeping of sea snails

I am
Soft wind on your face
Palm trees
Land scented with *copal*
Reflection of the Moon on tranquil water
Apex atop the pyramid
covered by vegetation undergrowth

I am
Thousand-year-old blue murals
Thought of in Spanish
Carved faces in stone
Sugar cane

I am
Skyscraper
Fluorescent light
The smell of morning coffee
Social security numbers

I am
Premeditated jungle of gray buildings
Fragmented pavement of the sidewalks
Yellow road dead-end

I am
Conglomerated metallic voices

Chant of sirens with nowhere to go
Motors beginning the race
Noise from the streets
Morning rush
And traffic jam

I am
Woman of color
Digital image
I am

Mujer

Palabra que se disuelve entre los labios
Encantamiento de los bosques con sus aromas más exquisitos
Viento suave que toca el alma
Susurro de dioses que encanta mi razón

Fertilidad ilimitada, vida llevas
Fuerza interminable, rugido de león
Seda exótica de la tierra de mis sueños
Colores cálidos, fríos, combinados

Rayo de sol que atraviesa el árbol que miro
Pájaro que se posa en la copa del sauce
Pasos inaudibles que alcanzan mi alma
Camino de piedras que lleva al río

Vuelo de duendes atravesando la noche
Trueno de fuerza que parte los corazones
Respuesta que calma al hombre más solo
Hombros que soportan las cargas más pesadas

Rayo de luna
Vientre fértil que devora y da vida
Hoja que cae con el otoño
Manos que peinan, manos que hornean, manos que limpian

Voz silenciosa que soporta
Pensamiento creativo, pensamiento desviado, pensamiento guardado

Sombra de burdel
Vientre abultado, fuerte
Noche de tormenta
Cadera agresiva, sexo que hipnotiza.

Puño ensangrentado, puño levantado
Mano de la caricia más experta
Dadora de placer
Ente que lucha por ser escuchado
Bruja guerrera
Diosa, mortal,

Amante, madre; amiga, enemiga,
Dueña, esclava,
Miedo, fe; noche y día.
Hoy y siempre, mujer

Mujer

Word that dissolves between lips
Enchantment from the forest with the most exquisite aromas
Soft wind that touches the soul
Whispering from gods that charms my reason

Endless fertility, carrier of life
Never-ending strength, roar of the lion
Exotic silk from the land of my dreams
Colors warm, cold, combined

Ray of the sun that traverses the tree
Bird that poses on the top of the willow tree
Inaudible steps that reach my soul
Path of stones that leads to the river

Flight of *duendes* crossing the night
Thunder of strength that splits hearts
Response that calms the loneliest man
Shoulders that bear the heaviest loads

Ray of the moon
Fertile womb that devours and brings life
Leaf that falls in autumn
Hands that comb, hands that bake, hands that clean

Silent voice that tolerates
Creative thought, deviant thought, stored thought

Shadow of the brothel
Protruding stomach, strong
Stormy night
Aggressive hips, sex that hypnotizes

Bloody fist, raised fist
Hand of the most expert caress
Giver of pleasure

Being who fights to be listened to
Warrior witch

Goddess, mortal
Lover, mother; friend, enemy
Owner, slave
Fear, faith; night and day
Today and always, *mujer*

Sihuatl

Tlatoli, tlen mo nenemilia ipan to tenshipal
Ti kamatics campa ne kuatinijic tlayeyekapa miyotia
Huan tlaejekapa tlamasi kama ki totomosa no tonal
Ni sasilia to teko tlen ki ajamatij no lalamikilis

Ti tlachamailtia uan yolik tihuika monemilis
Iteki, uan axkema tlamij kuasasi ken kuatitlanchichi
Xi texmaka ne tlaltipaktli tlen ne temiktlij tlapalij
Totonik uan sesek tlatlapayo

Sahuantli tlen ne tonati tlen pano ipanej kuauitl
Tlen ti tlachilia totome tlen pano ipan ne ajko
Nemilistli yeyekapa tlen ki ajaxilia no tonal
Ojtli tlen tejme tlen kiuika atl

Ne kuatitla koneme panotinemi ipan tlakayaual tlatomoni
Chikauak ipan to yolo
Tlakuapiltili tlamasij se tlakatl ipiseltisi
Ajkomolitl tlen kixikoua tlamalini achi tetik

Sahuantli tlen messtli
Sihuayo tlamantiketl tlen tlapasulmana uan texmaka tonenlis
Sihuatl tlen uesi ika ne meestli
Majtli tlen tshiljuia, majtli tlen tlaikxitia, majtli tlen tlapopoua

Tlatoli tlamajtsi tlen kixikoa
Lalamikilistli kichiua lalamikilistli kaajokui

Tlaekauia kampa mo pasoloua
Sihuayo ueyi uan tetik
Tlayoua tlen tlapetlani
Itlakoya motlauelneki sihuatl mohuiuiita
Ki masolohua ika estli masolua ajkopa

Majtli tlen tech alaxohua achi kimati uan texmaka pakilistli
Uan tech manauia
Tetla chiuiketl tlen mochichiua
Totiosi tlen miktojka

Tetlakakuiliketl tonana, kitlastla, tekokoliketl
Tlanauatiketl, tlatekipanoketl mamatli, tlaneltoka
Tlayoua uan tonaya
Nama uan nochipa sihuatl

Anillos de piedra

    Para la ciudad de Cempoala

Señorío totonaca del sur.
Ciudad de pirámides de plata.
La de caracoles nacarados en sus paredes.
Azules olas acompañan tus sueños,
Eco de tu esplendor.

Templos redondos.
Ehécatl-Quetzalcóatl, dios del viento.
El que susurra entre las piedras de río
la magia verde a quien sepa escuchar.

Anillos de piedra decoran tus plazas
para saludar a los astros.
Combinaciones geométricas
Reflejan poesía.

Danzantes aéreos te celebran
y saludan a los cuatro vientos.
Tienen poesía bordada en la piel de bronce
y arcoíris en la cabeza
que se estremecen con el vuelo circular descendente.

La de caracoles nacarados en sus paredes.
La de anillos de piedra y noches rojas.
Testigo silenciosa del principio y fin de la historia.
La espuma de mar alcanza tus templos.

Ecos del pasado resuenan en los anillos de piedra.
Estructuras geométricas.
Arquitectura que nace desde el río.
Azules olas acompañan tus sueños rojos.

Rings of Stone

>For the city of Cempoala

Totonac domain of the South
City of silver pyramids
The one with mother-of-pearl seashells on its walls
Blue waves accompany your dreams
Echo of your splendor

Round temples
Ehecatl-quetzalcoatl, God of Wind
He whispers among river stones
Green magic for those who listen

Rings of stones decorate your courtyards
Greet the stars
In geometric patterns
Reflecting poetry

Aerial dancers celebrate you
And greet the four cardinal points
They have poetry embroidered on bronze skin
And rainbows on their heads
Trembling with the circular descending flight

The city has mother-of-pearl seashells on its walls
Rings of stone and red nights
Silent witness of the beginning and end of history
Sea foam reaches your temples

Echoes from the past vibrate in the rings of stone
Geometric structures
Architecture born out of the river
Blue waves accompany your red dreams

Quiahuiztlán

Quiahuiztlán, lugar de la lluvia
En la cima de la montaña de piedra volcánica guardas
Terrazas de tierra de sangre totonaca

Quiahuiztlán
Punto de encuentros
De dos mundos que colapsaron
De ojos que se descubrieron

Desde las laderas de la montaña
Descubriste las torres
Que flotaban en las olas del mar

Tus azules aguas trajeron
La nueva lengua
La nueva religión

Quiahuiztlán, desde tus tierras sagradas
El ocaso de tu cultura se prevenía
Las señales cumplían su profecía

Agua cristalina a tus pies
Inmenso cielo frente a ti
A tu derecha la gran montaña
A tu izquierda el vacio
Dentro de ti, sangre totonaca

Lugar de la lluvia
Punto de encuentro de mundos que colapsaron
Tus terrazas guardan los lamentos
Del ocaso totonaca

Quiahuiztlan

Quiahuiztlan, the place of rain
On the top of the volcanic rock mountain you guard
Terraced soil of Totonac blood

Quiahuiztlan
Meeting place
Of two worlds that collapsed
Of eyes that discovered each other

From your mountain side
You discovered towers
Floating on the sea waves

Your blue waters brought
New language in its current
The new religion

Quiahuiztlan, from your sacred lands
The twilight of your culture was foreseen
The signs carried out their prophecy

Crystal clear water at your feet
Immense sky before you
To your right the grand mountain
To your left the emptiness
Inside you, Totonac blood

Place of rain
Meeting place of worlds that collapsed
Your terraces guard the weeping
The Totonac nightfall

Netzahualcóyotl

Aztec royalty
Tlatoani
Poeta y arquitecto
Poet and architect
De la casa de las pinturas
De plumas de quetzal
Creador de jardines reales
Xiuhmanqui
Conocedor de plantas sagradas
Tlamatini
Royal blood
Eztli
Pájaros de plumas rojas
Que acompañan tu canto
Entonces y ahora
Grabado en el yollotl
Carved in the heart
Piedra verde
Mactlactic
Guía de nuevas generaciones
Aztec royalty
Tlatoani
Corazón de obsidiana
Heart of iztli

Eztli: sangre/ blood; Iztli:obsidiana/ obsidian; Mactlactic: verde oscuro/ dark green; Tlamatini: el que sabe algo/ the one who knows something; Tlatoani: rey/ king; Xiumanqui: conocedor de plantas/ the one who knows about plants Yollotl: corazón/ heart

Ehecacóatl

Viento azul que golpea la memoria
Blue ehecatl
Imágenes de piedra volcánica
Images of tepetlatl
Húmedas
Tlaxoconatl
Con fondo de ehecacoatl blanca recorriendo la ciudad
Snake of wind
Luciérnagas rojas de primavera
Red fireflies of spring
Xopan
Que se alborotan con el ritmo de mi respiración
Memoria verde
Mactlactic
Green memory
Que se desvanece con el gemido de la lluvia
Quiyahuitl
Sal marina que alcanza mi piel
Iztlaxalli
Y el huilcuicatl de las meyotls
And the sound of shadows
Where is it?
Culebra de viento blanco cubriendo la ciudad
Ehecacoatl

Ehecacoatl: Snake of wind; Huilcuicatl: Sound; Iztlaxalli: Sea salt; Mactlactlic: Dark green; Meyotls: Shadows of the people; Quiyahuitl: Rain; Tepetlatl: Volcanic rock; Tlaxoconcatl: Humid; Xopan: Spring

Amiquiztli

Para Steve

Leo tus tlajtollis y me da sed
I read your words and I am thirsty
Tomo un trago de agua para apaciguarla
Tomo un drink of atl
Sin prisa baja por mi garganta
I am still thirsty
Todavía tengo sed
Amiquizltli
Tomo otro trago de atl
I have another drink of water
Siento tu nombre
Tlasojtlalistli
Un trago más de atl se desliza por mi garganta
Siento tus tlajtollis
Tus palabras
El fuego no se puede apagar
Tletli
Amiquiztli
Still I am thirsty

Amiquiztli: Thirst; Atl: Water; Tlajtollis: Word; Tleti: Fire; Tlasojtlalistli: Love

Cempaxóchitl

Ámbares que iluminan los campos
Amarillas luminarias que llevan de la mano
Es tu abundancia la que rebosa de alegría los ojos
Los conmueve e inunda de pinceladas amarillas

Color del ciclo eterno del cambio
Cuatrocientos pétalos abundantes
Notas musicales en el pentagrama de la vida
Puntos extraviados en los senderos de regreso
Como antorchas que muestran las huellas olvidadas

Guía que conduce a la casa terrenal
Natural aroma que enciende los recuerdos
Recuerdos casi desvanecidos
Enredados en el Mictlán eterno
Donde los otros descarnados viven

Campos encendidos
Fuego de sonidos amarillos
Texturas corrugadas en la intuición
Abundantes mariposas de papel en vuelo
Que revolotean entre los campos floridos
Cuatrocientos pétalos amarillos

Florecitas extraviadas que encienden los recuerdos
Imágenes corrugadas, desvanecidas
Campos musicales de tonos encendidos
Amarilla luminaria que guía
Aroma que despierta los recuerdos
Ámbares que llenan de alegría

Cempaxóchitl

Ambers illuminate the fields
Yellow luminaries that they carried in
It is your abundance that fills everyone's eyes with happiness
It touches them and overflows with yellow brush strokes

Color of the eternal cycle of change
Four hundred abundant petals
Musical notes in the pentagram of life
Lost points on return paths
As torches that show the forgotten footprints

Guide that directs toward the terrestrial home
Natural aroma that sparks the memories
Memories almost faded away
Tangled in the eternal Mictlan
Where the other skinned people live

Lighted fields,
Fire of yellow sounds
Corrugated textures in the intuition
Abundant paper butterflies in flight
Flutter among the flowering fields
Four-hundred yellow petals

Misplaced little flowers that spark memories
Corrugated images that fade away
Musical fields of tones sparked
Yellow luminary that guides
Aroma that awakens the memories
Ambers that fill with cheer

Día de muertos

El viaje comienza
Mictlán aguarda
El humo de copal que guía
Y lleva hasta su casa

La casa de las pinturas
De las ventanas rojas
De los caracoles marinos
Que suenan con las olas

Camino de mariposas
Espuma de mar que conduce los pasos
¿Qué nos queda?
Sino continuar el camino

¿Qué nos queda?
Sino cantar los cantos ancestrales

Luces que guían
En la oscuridad más profunda
A lo lejos brillan en la roja eternidad
Para guiar las almas

Sabores que sólo
Renacerán esta noche

Celebración de sombras amarillas
Con olor a cempaxóchitl
Que se graba en el mar de la memoria azul
En los espejos del alma

Fiestas del corazón con olor a copal
Humo sagrado renovador de energía

El viaje comienza
Mictlán aguarda

Camino de sombras amarillas
mariposas ascendentes

Cantemos los cantos ancestrales
Que suenen los caracoles marinos
Tan sólo esta noche
Que se abran las puertas

Que lleguen las almas
Ya no soy la misma
Mictlán aguarda

Día de muertos

The journey begins
Mictlán awaits
The smoke of copal traces the way
And continues to his house

The house of paintings
The house of red windows
Of seasnails
That resounds with the waves

Path of butterflies
Seafoam forging ahead
What is left?
But continue the way

What is left?
But sing the ancestral chants

Lights guide
In the deepest darkness
From afar shining in the red eternity
Leading the souls

Flavors will only be
Reborn tonight

Yellow shadows celebrate
With the scent of cempaxochitl
Carved into the sea of blue memory
Into the mirrors of the soul

The heart celebrates with the aroma of copal
Sacred smoke renews of life

The journey begins
Mictlan awaits

Path of yellow shadows
Ascending butterflies

We sing the ancestral chants
Let the seasnails sound
Only tonight
Let the doors open

Let the souls arrive
I am not the same
Mictlan awaits

Luz de octubre

La canasta roja para pan está lista
Las manos de Nila no paran
Hornean felicidad
Hacen flores de papel para el altar
Tejen arcos de cempaxóchiles amarillas
Bordan manteles de mariposas rojas

Campanadas suenan a lo lejos
Anuncian que la hora ha llegado
Hay que abrirles la puerta
Ya llegan, ya vienen
El humo de copal marca el camino
Ya llegan
Se oyen los pasos de azúcar blanca
Las voces del pasado
Las risas se confunden con las campanadas
Entonan su concierto
Anuncian la llegada

El sol se perdió entre las estrellas
Desde las montañas nubladas
Descienden las almas
Ya las veo
El pueblo se llena de alegría
Las puertas de madera se abren
Para los seres queridos que regresan esta noche
Tomados de las manos, juntos
Los vivos y las almas
Beben chocolate
Y papel picado
Ya llegan, las almas descienden

Tan sólo esta noche
Nila descansa
Viejita de manos grandes
De pasos de azúcar blanca
Cuyas manos no paran
Hornean para las almas
Luz de octubre que revuelve el alma

October Light

The red bread basket is at hand
Nila's hands do not stop
Bake happiness
Fold paper flowers for the altar
Weave yellow marigold arches
Embroider red butterfly tablecloths

Bells ring from afar
Announcing the hour upon us
Open the door
Here they come; they arrive
Copal smoke leads the way
Here they come
Their white sugar steps can be heard
Voices from the past
Laughter mixed with bells
Singing their concert
Announcing their arrival

The sun is lost among the stars
From the foggy mountains
The souls are descending
I see them
The town is full of happiness
The wooden doors are opening
For the loved ones returning tonight
Holding hands, together
Those alive and the souls
Drink hot cocoa
And colorful cut paper
Here they come, descending souls

Only tonight
Nila rests
Viejita with large hands
Of white sugar steps
Whose hands never stop
Baking for the souls
October light stirs in my soul

Ante el río

Como llorona estoy ante el río
Lamentándome por ti
Niño perdido
¡Ay de mí! ¡Ay de mí! ¡Llorona!

Como lagarto estoy sobre las piedras
Esperándote
En el río

Ave negra que nace del agua
Que abre sus alas
Y deja su historia salpicada
En el cauce del río

Dejando surcos en su vuelo bajo
Con su vientre pegado al río
Trinar sobre mis oídos
Rumor del agua

Bugambilias anaranjadas, fucsias, rosadas y blancas
Que están en mis sueños y
Me llenan la garganta
¡Ay de mí! ¡Ay de mí! ¡Llorona!

Eres tú el brujo y hechicero
Que se mete en mis sueños
Con el agua te lavo
Y te canto ante al río
¡Ay de mí! ¡Ay de mí! Niño perdido

Como Llorona estoy
Ante el río
Llévate mi tristeza niño hermoso
Lava mis penas en el río

Before the River

As *Llorona* I am before the river
Moaning for you
Niño perdido
¡Ay de mí! ¡Ay de mí! ¡Llorona!

As an alligator I am on the river stones
Waiting for you
In the river

Black bird born of the water
Opens its wings
And leaves its history sprinkled
By the flow of the river
Leaves tracks in its low flight
With its underside close to the river
Singing above my ears
Murmuring of water

Orange, fuchsia, pink and white bougainvilleas
Are in my dreams and
Fill my throat
¡Ay de mí! ¡Ay de mí! ¡Llorona!

You are the wizard and sorcerer
Who enters into my dreams
With water I wash you
And I sing to you before the river
¡Ay de mí! ¡Ay de mí! *Niño perdido*

As *Llorona* I am
Before the river
Take my sadness with you beautiful *niño*
Wash my sorrows in the river

Hijos de Lautaro

Las adversidades del pueblo chileno
En el día en que la tierra habla en voz alta.
La ola violenta que sacude la tierra.
Imágenes apocalípticas me impactan
Me alcanzan a través de la pantalla
Tiemblo en mi asiento
Escucho el quejido de un pueblo
Distingo los restos de casas esparcidos por los campos
Las luces grises
Oigo los lamentos
¡Siento contigo pueblo chileno!
He pensado en los chilenos que he conocido
En los viñedos
En las cordilleras donde vuelan los cóndores
En la tierra con voz de trueno
La que abre sus entrañas
Temblores sedientos
Temblores hambrientos
Devoradores de edificios
Con mar enardecido empujando la espuma
Hasta envolver las casas
Los rojos corales adornan las ventanas
Las inundan
Enredadas entre los zapallos
Temblores físicos
Caos interno
Volcanes bajo el agua
Veo una bandera desgarrada
Roja, azul, blanca
Dañada mas no vencida
Espíritu indomable
El camino es largo
Celebro el espíritu del pueblo chileno
De los hijos de Lautaro
Por sus venas corre sangre mapuche
Fortaleza de guerreros
¡Adelante pueblo chileno!
La palabra sagrada ha sido invocada

Lautaro: Jefe y líder mapuche, protagonista del poema "La Araucana" de Alonso de Ercilla

Children of Lautaro

The adversity of the Chilean people
On the day that the earth speaks aloud
The violent wave that shakes the earth
Apocalyptic images hit me
They reach me through the screen
I tremble in my seat
Listening to the plaints of the people
Observing the remains of houses scattered over fields
The gray lights
I hear your laments
I feel for you, Chilean people!
I think of the Chileans I have met
Of vineyards
Of mountain ranges where the condors fly
Of a land with a voice of thunder
The land that opened its entrails
A thirsty trembling
A hungry trembling
Devourers of buildings
As the fury of the sea pushes the foam
Surrounds the houses
Red coral adorns the windows
Flooding them
Entangling them among squash
A physical trembling
Internal chaos
Underwater volcanoes
I see a flag torn
Red, blue, white
Damaged but not defeated
Untamed spirit
The path is long
I celebrate the spirit of the Chilean people
Of the children of Lautaro
Through their veins runs Mapuche blood
Strength of warriors
Onward Chilean people!
The sacred word is invoked

Lautaro: Leader of the Mapuche, the protagonist of the poem "La Araucana" by Alonso de Ercilla.

Fukushima Daiichi 1

Al oscilar la tierra
Caen las casas
La gente desespera

Hacia la isla noble
Corren las olas
Agua cubre la tierra

De reactores sale
Yodo radiactivo
Agua marina cerca

Fukushima Daiichi 1

As the land oscillates
Houses tumble
People are in despair

The noble isle is chased
By ocean waves
Water covers the land

The reactors release
Radioactive mud
Into the ocean waves

Hoy mujeres y hombres

Ciudad con campos de flores rojas.
Cada pétalo lleva
El nombre de estudiantes que conocí.

Hoy mujeres y hombres.
Ya no niños inocentes,
Ni adolescentes rebeldes.
No hubo tiempo.

Hoy mujeres y hombres que demandan justa causa.
El derecho que no se debe de prohibir.
Derecho a ser educados.
A ser parte de la ciudad.

En las ciudades
Donde los derechos
De igualdad no han nacido.
Donde la voz de aquellos que atravesaron
La frontera sea tan válida como la de los demás.
Las calles están vacías.

Quiero recordar el color rojo
De los campos floridos.
El reflejo del sol y del agua.
La fuerza de sus palabras.

Ya no hay niños inocentes
Ni adolescentes rebeldes.
No hubo tiempo.
Sólo mujeres y hombres forzados a crecer.

Today Women and Men

City with fields of red flowers
Each petal carries
The names of the students I met

Today, women and men
No longer innocent children
Nor rebellious adolescents
There was no time

Today, women and men demanding a just cause
The right that must not be prohibited
The right to be educated
To be part of the city

In the cities
Where the rights
Of equality are not yet born
Where the voice of those who cross
The border must be as valid as that of everyone else
The streets are empty

I want to remember the color red
Of the flowery fields
The reflection of the sun and the water
The strength of their words

No longer are they innocent children
Nor rebellious adolescents
There was no time
Only women and men forced to grow.

De sinónimos, eufemismos y algunos tropos

Libertad y educación son palabras sinónimas para mí.
Profesor, maestro y activista social también lo son.
Pronunciar en voz alta los idiomas ancestrales de mi sangre.
Un acto de resistencia.
La voz del sol. Un eufemismo para ese mismo acto.
La ley SB 1070 de Arizona es como la vergüenza. Un símil.
Viento lleva el tiempo de libertad hasta el silencio del desierto.
Una aliteración.

La base de la economía de los Estados Unidos e inmigrantes son sinónimos obvios.
Los escritores son héroes y heroínas de bronce. Una metáfora.
El estado de la vergüenza es eufemismo para la ley SB 1070 de Arizona.

Mis heroínas y héroes favoritos están en las aulas, esas heroínas y héroes favoritos. Una epanadiplosis.
Viento lleva el tiempo de libertad hasta el silencio del desierto.
Una súplica.
Por espada sus libros, las letras por su escudo. Un quiasmo.

¡Oh tierra de las oportunidades que encarcelas! Una paradoja.
134 cuerpos de inmigrantes indocumentados encontrados
desde el 1 de enero al 15 de julio en el desierto. No es una exageración.
Cuántas lágrimas por los caminos del desierto, cuántas horas de lamento.
Una realidad.
Los escritores son héroes y heroínas de bronce. Una metáfora.

Viento lleva el tiempo de libertad hasta el silencio del desierto.
Una aliteración.
Viento lleva el tiempo de libertad hasta el silencio del desierto.
Una plegaria.
Viento lleva el tiempo de libertad hasta el silencio del desierto.
Una súplica.
Viento lleva el tiempo de libertad hasta el silencio del desierto.
Una petición.
Viento lleva el tiempo de libertad hasta el silencio del desierto.
Un ruego.
Viento lleva el tiempo de libertad hasta el silencio del desierto.

Una imploración.
Viento lleva el tiempo de libertad hasta el silencio del desierto.
Una oración.

Of Synonyms, Euphemism and Other Figures of Speech

Freedom and education are synonyms for me.
Professor, teacher and social activist, are likewise.
Pronouncing ancestral languages of my heritage is resistance.
The voice of the Sun is a euphemism.
The SB 1070 Arizona law is as a shame. A simile.
Wind brings the time of freedom to the silence of the desert.
An alliteration.

The base of the economy of the US and immigrants are obvious synonyms.
Writers are heroes and heroines of bronze. A metaphor.
The state of shame is a euphemism for the SB 1070 Arizona Law.

My favorite heroines and heroes are in the classrooms, favorite heroines and heroes. An epanadiplosis.
Wind brings the time of freedom to the silence of the desert. A plea.
For swords their books, letters for their shield. A quiasm.

Oh land of opportunities, you incarcerate. A paradox.
134 bodies of undocumented immigrants in the desert were found from January 1 to July 15. No exaggeration.
How many tears along the roads of the desert, how many hours of lament? A reality.
Writers are heroes and heroines of bronze. A metaphor.

Wind brings the time of freedom to the silence of the desert.
An alliteration.
Wind brings the time of freedom to the silence of the desert.
A prayer.
Wind brings the time of freedom to the silence of the desert.
A plea.
Wind brings the time of freedom to the silence of the desert.
A petition.
Wind brings the time of freedom to the silence of the desert.
A request.
Wind brings the time of freedom to the silence of the desert.
An entreaty.

Wind brings the time of freedom to the silence of the desert.
A prayer.

El dragón de fuego

El dragón de fuego de la calle 44
A su trabajo quiere renunciar
Se irá a dormir para dejar de volar

El dragón de fuego quiere cambiar
Se le olvidó el apellido
Y ahora quiere trabajar
Con las flores de mi jardín

Quiere cultivar
Rosas y jazmines
Entre sueños de mar
Y llevarlas hasta mi mesa de plata
Entre las nueve y las seis

Ya no quiere ser dragón de fuego
Sólo iguana roja de mi jardín
Bajo la sombra del naranjo

Quiere estar
En mis brazos enredado
No quiere despertar
Soñar con pétalos de lluvia
En una noche ancestral

El dragón de fuego
Ya no quiere perseguir
A los que se portan mal
En la calle de atrás

Sólo quiere descansar
Entre sueños de nácar
Y una nube de cristal

Quiere ser iguana roja
Bebiendo agua de manantial
Trepando rocas y acantilados
Y una montaña de sal

Pero no puede dejar
Su uniforme de dragón
Dragón de fuego verde
Y lanzas de metal

El dragón de fuego de la calle 44
A su trabajo quiere renunciar
Quiere ser iguana roja
En un árbol de mi jardín

The Dragon of Fire

The dragon of fire from 44th Street
Wants to resign from his job
To sleep he will stop flying

The dragon of fire wants to change
He forgot his last name
And now he wants to work
With the flowers from my garden

He wants to cultivate
Roses and jasmine
Between dreams of the sea
And take them to my silver table
Between nine and six

He no longer wants to be a fire dragon
Only the red iguana of my garden
Under the shade of the orange tree

He wants to be
Entangled in my arms
He does not want to wake up
As he dreams of petals of rain
For an ancestral night

The dragon of fire
Does not want to follow
Down the back street
The ones who misbehave

He only wants to rest
Through dreams of mother of pearl
And a cloud of crystal

The red iguana wants to be
Drinking spring water
Climbing rocks and fiords
And a mountain of salt

But he cannot leave behind
His dragon uniform
Dragon of green fire
And metal lances

The dragon of fire from 44th Street
Wants to resign from his job
The red iguana he wants to be
In a tree in my garden

Anoche soñé con la niebla

Anoche soñé con la niebla.
Se me metió en la memoria.
Atravesó mis recuerdos
llenándolos de luciérnagas rojas.
Se me acercaron mariposas azules
Espíritus de agitado vuelo entre la bruma.

Soñé con el chipichipi nacarado.
Me llamaba desde lejos.
Caminé por callejones empedrados
humedecidos por la lluvia.
Soñé la montaña de cumbre nevada
con estrellas desgarrándose del cielo.

Recuerdos perdidos de la infancia
Suspiré en voz alta
El aire se llenó de cocuyos verdes
que me guiaron entre la noche.
Sentí el aroma de café por las calles
y reviví una tarde fría de invierno.
Caminé entre galerías de arte

Hundí mis manos entre minúsculas jacarandas
y el violeta se tatuó sobre mi pecho.
Aspiré la niebla de mi sueño
y un beso extraviado golpeó mi memoria.
Anoche soñé con la niebla
Arrullada por tus versos.
Seguí el camino que marcaba
que me guió entre torrentes de agua.
Me dejó entre papel picado
y olor a tierra mojada.

Con palabras que flotaban en el aire
fundiéndose entre ámbares y turquesas,
una canción se advirtió en la distancia
para los de alma de pirata.
Anoche soñé con la niebla.
Me llamaba desde lejos.

Last Night I Dreamt About the Fog

Last night I dreamt about the fog
It came into my memory
It traversed my recollections
Filling them with red fireflies
Blue butterflies approached me
Possessed spirits fluttering in the mist

Mother of pearl -I dreamt about drizzle
It was hailing me from afar
I strolled down cobblestoned alleyways
Moistened by the rain
I dreamt about the snow-capped mountain
With stars ripping down out of the sky

Lost memories of my childhood
Aloud I sighed
The air filled with green fireflies
Guiding me in the night
I took in the aroma of coffee in the streets
And relived a cold winter's afternoon
I walked in, out of and between art galleries

I submerge my hands into tiny flowers of jacaranda
And the color of violet is tattooed on my chest
I breathed in the fog of my dream
And a lost kiss found me
Last night I dreamt about the fog
Lulled by your verses
I followed the fog's path
Through torrents of water
It left me wrapped in cut paper
And the smell of wet earth

Words floated through the air
Melting between stones of amber and turquoise
A song called from afar
For those with a soul of pirate
Last night I dreamt about the fog
It came into my memory

Culebra de humo blanco

Viento azul que golpea la memoria
Piedra volcánica corta mis pies
Calles húmedas
Donde los pasos crean ecos interminables
En los callejones una culebra de humo blanco
Que recorre la ciudad

Luciérnagas rojas de primavera
Que se alborotan entre las calles
Con el ritmo rojo de mi respiración
Entran por las ventanas

Memoria verde
Que se desvanece con el gemido de la lluvia
En una tormenta efímera en el océano
Sal marina que alcanza mi piel

Culebra de humo blanco, ágil,
Que acecha cada esquina
Y el sonido de las sombras
¿Dónde está?

Culebra de humo blanco cubre la ciudad
Absorbiendo lentamente
Las sombras

Viento azul que golpea el corazón
Memoria verde de luna
Luciérnagas rojas en la noche húmeda
Ecos infinitos de pisadas reiterantes
Culebra de humo blanco cubre la ciudad

White Smoke Snake

Blue wind slams into my memory
Volcanic rocks cut my feet
Damp streets
Where steps produce echoes
In the alleyways a white smoke snake
Scours the city

Red fireflies of the spring
Agitate between streets
With the red rhythm of my breathing
They enter windows

Green memory
Fades with the moaning rain
On ephemeral ocean storm
Sea salt that reaches my skin

White smoke snake, agile,
Threatens each corner
And the sound of the shadows
Where is it?

White smoke snake covers the city
Absorbing slowly
The shadows

Blue wind hits the heart
Green memory of the moon
Red fireflies in the damp night
Infinite echoes of recurrent steps:
A white smoke snake covers the city

Claveles rojos

Claveles rojos sobre la mesa
Camino entre los incoloros edificios en silencio
Pensamientos de brisa nórdica
Ecos interminables

El tiempo en esta tierra
A veces dichoso, a veces eterno
Otras, llena de pasos que cortan los pies

Hojas rosadas, verdes y amarillas
Que descansan en los tapices terrenales
Viento que perfora el cuerpo

Ráfagas de soledad golpean el alma
Escarcha matutina que permanece
Dunas nevadas se desvanecen

Explosión de energía amarilla
Luz extraviada
Frío pasajero que la reemplaza

Intensos pétalos
De rojos atardeceres
Que pintan los rascacielos mudos
Con su luz

Red Carnations

Red carnations on the table
I walk between the colorless buildings in silence
Thoughts of Nordic breeze
Endless echoes

Time on this earth
Sometimes gleeful sometimes eternal
Other times full of steps that cut open feet

Pink, green and yellow leaves
Rest on the terrestrial tapestry
Wind piercing the body

Gusts of wind of loneliness slam into the soul
Morning frost that remains
Snow-covered dunes fading away

Explosion of yellow energy
Lost light
Momentary cold that replaces it

Intense petals
Of red sunsets
Paint muted skyscrapers
With their light

Café de media tarde

Kansas City
Café de media tarde
Sin crema y doble tinta roja
Dos palabras más.

De la nada
Un niño con jorongo gris
Paréntesis
Avión plateado en la pared
Punto y seguido
Nubes disturban mis pensamientos

Tornados en el aire
¿Es posible recordar?
Signos de interrogación
Un gran peso sobre tus hombros
Un país llevas cargando
Signos de exclamación

Kansas City
Café de media tarde
Puntos suspensivos
Dos novelas pendientes
Cinco páginas

Japanese hip hop en la radio
Una línea más
Notificación de México
Un paquete del pasado

Punto y coma
Doble espacio
Kansas City
Con café de media tarde
Sin azúcar
Punto y aparte

Mid-afternoon Coffee

Kansas City
Mid-afternoon coffee
Without cream and double red ink
Two more words

Out of the blue
A boy with a gray *jorongo*
Parenthesis
Silver airplane on the wall
Period and next sentence
Clouds disturb my thoughts

Tornados in the air
Is it possible to remember?
Question mark
A heavy load on your shoulders
You carry an entire country
Exclamation mark

Kansas City
Mid-afternoon coffee
Ellipses
Two remaining novels
Five pages

Japanese hip hop on the radio
One more line
Notification from Mexico
A package from the past

Semicolon
Double space
Kansas City
With mid-afternoon coffee
Without sugar
Period and new paragraph

Fin de semestre

Se detiene el movimiento.
Flotan las palabras en el aire.
Un comentario más con tinta roja.

Frases arrinconadas.
Las hojas de papel se extienden.
Tinta roja que censura.

Pensamientos evaluados.
Fin de semestre.
¿Es que el tiempo de la tinta verde llegará?

End of Semester

Movement stops inside and out
Words hang in the air
One more comment with red ink

Cornered phrases
Sheets of paper extend out
Censuring red ink

Evaluated thoughts
End of semester
Is it that the time of green ink will arrive?

Tropical Roads

Rain
Drops
Raindrops
Gotas de lluvia
Walking in the mist

Tropical roads
Early morning strolls
Green

Rain of poetry
Green words
Blinding torrent of light
Luz verde cegadora

Turquoise sounds
Sonidos de turquesa
Fuerza del maíz
Tropical roads
Morning walk
Yellow flowers
Tattooed on the heart

Rain
Drops
Gotas de lluvia
Raindrops
Caminos de juventud

Árboles de niñez

Los años pasan y siguen ahí
Cual gigantes silenciosos
Guardianes de los caminos
Sombras de los parques

Testigos discretos
De jardines
De generaciones
De rumores de la ciudad

Hule en su savia blanca
Hojas verdes ovaladas
Guirnaldas de pascle
Sombras húmedas a su alrededor

Liquidámbares
Cortezas moteadas
Troncos curveados alcanzando el cielo
Fortaleza de hojas a sus pies

Árboles de minúsculas flores violetas
De flores anaranjadas
Cual campanas vivientes
Que llenan los caminos con alfombras de pétalos

Testigos silenciosos
Gigantes de raíces profundas
De cabelleras enaltecidas
Guardianes de la ciudad

Compañeros discretos
De niñez, juventud, madurez
Sombras húmedas
Del trópico

Trees of Childhood

The years go by and they are still there
Silent giants
Keepers of the road
Shades in the park

Discrete witnesses
Of gardens
Of generations
Of rumors of the city

Rubber in its white sap
Green oval leaves
Spanish musk garlands
Damp shades around

Sweet gum trees
Freckled bark
Curved trunks reaching sky
Fortresses of leaves below

Trees of tiny violet flowers
Of orange flowers
Like living bells
Filling roads with petal carpets

Silent witnesses
Giants of profound roots
Of plumed tufts of long hair
Keepers of the city

Discrete companions
Of childhood, youth, maturity
Damp shadows
The tropics

Olor a mar del norte

Para el arte de Emily Carr

El trinar de las gaviotas
Me despierta, otra vez
Absorbo el olor a mar del norte
Sus aguas profundas y ballenas

Su bahía de tótems
Infinitas espirales doradas y salmón
Tierra de fósiles
Conchas nacaradas
Jade verde y marfil

No es el olor al mar que conozco
Este mar no huele a mi mar
De aguas turbulentas, cálidas
Con olor a sal marina
Mezclado con rojos arrecifes de coral

Este es un mar solemne
De azul profundo
De áureas algas
De orcas viajeras y colmillos de mamut

No es mi mar
Dicharachero
De jaranas y requintos
Es un mar de gaitas
Faros blancos y medusas
No es el mar de huachinangos y mojarras
Y calor tropical
Es un mar de jade verde y salmón
De marfil
De colmillos de mamut

Pero el sonido de gaviotas me vuelve a despertar
Me lleva hasta el mar de jarochos
De rojo coral y caracoles gigantes
Que se mezcla con las gaitas, tótems y medusas
En una infinita dorada espiral

Fragrance of the Northern Sea

After the art of Emily Carr

The sounds of seagulls
Awoke me, again
I absorb fragrance of the Northern Sea
Its deep waters and whales

Its bay of totems
Endless spirals of gold and salmon
Land of fossils
Seashells with mother of pearl
Dark green jade and ivory

It is not the aroma of the sea I know
This sea does not smell like my sea
Of turbulent waters, warm
With aroma of sea foam
Mixed with red coral reefs

This is a solemn sea
Of dark blues
Of glistening aquatic spirals
Of traveling orcas and mammoth tusks

This is not my sea
Dicharachero
Of *jaranas* and *requintos*
It is a sea of bagpipes
Of white light houses and jelly fish
It is not a sea of red snapper and tilapia
And tropical heat
It is a sea of green jade and salmon
Of ivory
And mammoth tusks

But sounds of seagulls awake me again
It takes me to the sea of *jarochos*
Of red coral and giant queen conches
Mixing with bagpipes, totems and jelly fish
In an endless spiral of gold

Nanaimo

Mar del norte
Frente al muelle
Mástiles erectos
Prestos para zarpar

Velas desenrollándose capturan
El viento del norte
Mar de gaitas
Ballenas y osos de jade

Playas de piedra
Focas en las olas
Cangrejos gigantes
Minúsculas medusas

En tus aguas flotan
Guerreros árticos
Princesas marinas
Viento del mar
Aguas de plata

Arriba, las gaviotas
Abajo, el mar
Melodias de gaitas
Y osos de jade
Mar de tótems

Nanaimo

Northern sea
Before the wharf
Erect masts
Ready to launch

Unfolding sails capture
Wind of the north
Sea of bagpipes
Whales and jade bears

Beaches of stone
Seals in the waves
Giant crabs
Minuscule jellyfish

In your waters float
Arctic warriors
Ocean princesses
Sea winds
Silver waters

The seagulls above
The sea below
Melodies of bagpipes
And bears of jade
Sea of totems

Hombres delfín

Nadando en el río-mar
Vienen desde adentro
Entre vegetación sin límite
Los hombres delfín

Frondas acuáticas rosadas
Manglares de raíces grotescas
Marchas monumentales del río-mar
Rumor de olas del Amazonas

Con ellas llegan
Pinceladas rosadas
Voces de hombres delfín
Como flechas sueltas en las olas

Canto de hombres delfín
En noche de fiesta
Invitación efímera al placer
Suspiros continuos
Cuando la noche se torna rosada

Pinceladas en el Amazonas
Acariciando recintos sagrados
A la orilla del río-mar
Hombres delfín
Memoria de agua

Dolphin Men

Swimming in the rio-mar
They come up from the depths
Among the limitless vegetation
The dolphin men

Aquatic pink fronds
Mangroves of grotesque roots
Monumental marches in the rio-mar
Whisper from waves of the Amazon

With them arrive
Pink brushstrokes
Voices of the dolphin men
Like loose spears in the waves

Chants of dolphin men
On an evening of celebration
Ephemeral invitation to pleasure
Continuous sighs
When the night becomes pink

Brushstrokes in the Amazon
Caressing secret nooks
On the rio-mar's bank
Dolphin men
Memory of water

Saint Chappelle

Hay quienes quieren entender los sentimientos
Yo, sólo quiero sentirlos
Estoy en Saint Chappelle
Me vienen a la mente esas frases una y otra vez
Hay quienes quieren entender los sentimientos
Yo, sólo quiero sentirlos

La belleza de la luz a través de los vitrales
Transforma mi cuerpo en color
Estoy sentada entre la gente que se refleja
Observo los azules y dorados
Los siento llenarme
Iluminarme

Me desconcentra una voz que trata de analizar
Los diseños de cada vitral
Las medidas de los cortes, la longitud, la densidad
Los años que tardaron

Hay quienes que quiere entender los sentimientos
Yo sólo quiero sentirlos, me digo otra vez
La luz pasa a través de mi cuerpo
Haciéndome temblar

Saint Chappelle

There are those who want to understand feelings
I only want to feel them
I am in Saint Chappelle
Theses phrases come to mind again and again
There are those who want to understand feelings
I only want to feel them

The beauty of light through stained glass windows
Transforms my body to color
I am sitting among the reflected people
Observing tones of blue and gold
I feel them filling me
Illuminating me

A voice distracts me trying to analyze
The designs of each stained glass window
The measurements of cut, length, density
The years they took

There are those who want to understand feelings
I only want to feel them, I say to myself, again
The light goes through my body
I tremble

La ciudad prohibida

Camino a lo largo de las paredes anaranjadas
En busca de la entrada
Un portón largo me recibe

Diseños intricados verdes y amarillos
Caminos de mármol con dragones grabados
Escalinatas blancas

Son tus salas las que guardan la historia
En tus techos altos
La perla real brilla

Símbolos reales te custodian
Tortugas de bronce
Leones dorados

Nos pierdes en tus entrañas
Entre tus jardines secretos
Entre los árboles milenarios

Guerreros en los techos amarillos
Ciudad entre dragones dorados
Mil días se necesitan para recorrerte

Ciudad prohibida
De muros anaranjados
De secretos bien guardados

Forbidden City

I walk along the orange walls
Looking for the entrance
A large gate receives me

Intricate green and yellow designs
Paths of marble with engraved dragons
White stairs

Drawing rooms keep history
Along your high ceilings
The royal pearl glistens

Royal symbols protect you
Bronze turtles
Golden lions

You lose us within
Among your secret gardens
Among the millennium-old trees

Warriors on the yellow roofs
City with golden dragons between
A thousand days are needed to visit you

Forbidden City
Of orange walls
Of well-kept secrets

Música Acuática

Música acuática sobre la superficie del lago
Gotas de sonidos naturales
Vibraciones de lluvia entre los pinos
Sonidos del bosque
Murmullos celestiales que perforan el lago
Tic, tic, tic, tic, tic, jiiish, jiiish
Círculos de plata en crescendo
Reflejo de nubes grises
Sinfonía de musgos y líquenes
Superficie de agua interrumpida por la música
Pasión sonora suave y abrumadora
Tic, tic, tic, tic, tic, jiiish, jiiish
Sonidos asaltando las fosas nasales
Sentidos exaltados al ritmo de la lluvia
Tic, tic, tic, tic, tic, jiiish, jiiish
Sinfonía acuática
Pintura musical
Lago impresionista

Water Music

Water music on the surface of the lake
Drops of natural sounds
Vibrations of rain among pine trees
Sounds of the forest
Celestial whispering that pierces the lake
Tic, tic, tic, tic, tic, hiiish, hiiish
Circles of silver in crescendo
Reflection of gray clouds
Symphony of moss and lichen
Surface of water interrupted by music
Audible passion soft and exhausting
Tic, tic, tic, tic, tic, hiiiish, hiiiish
Sounds assaulting the nose
Senses running high to the rhythm of rain
Tic, tic, tic, tic, tic, hiiiiish, hiiiish
Aquatic symphony
Musical painting
Impressionist lake

Primer día en Chicago

      Para Diana and Irasema

Ciudad de Chicomecoatls en el parque
De lago sin fin
De edificios rodeados de niebla
Ciudad de leones y jaguares prehispánicos
Ciudad de Seurat, de Rivera, de Tagore
De Renoir, de Van Gogh, de Dorian Gray
De serpientes metálicas
De serpientes emplumadas
De café cubano
De pan negro, tortillas y kabobs
De flamenco
Y luna llena

First Day in Chicago

For Diana and Irasema

City of Chicomecoatls in the park
Of lake unending
Of building surrounded by fog
City of lions and Pre-Hispanic jaguars
City of Seurat, of Rivera, of Tagore
Of Renoir, of Van Gogh, of Dorian Gray
Of metallic serpents
Of plumed serpents
Of Cuban coffee
Of pumpernickel, tortillas, and kabobs
Of flamenco
And full moons

Gitanos en Chicago

Para Carlos Cumpián & Cynthia Gallaher

La música está llena de duende esta noche
El poeta tejano, el armadillo,
Vive poesía en movimiento
Y lumbre cegadora in crescendo

Andalucía en las calles de Chicago
Incandescencia sin fin
Clap, clap
Clap, clap las palmas cantan

Gitanos en Chicago
Poesía de arcos perfectos
Rojo a media luz
Estética en movimiento

Las palmas capturan la poesía
14 abriles, ritmos poéticos,
Rebozos y guitarras
Lumbre vibrando en los pies

La música está llena de duende esta noche
De ritmo en el centro
Clap, clap
Clap, clap las palmas cantan

Gypsies in Chicago

For Carlos Cumpián & Cynthia Gallaher

The music is full of *duende* tonight
The Texan poet, the armadillo,
Lives poetry in motion
And blinding flames in crescendo

Andalucia lives in the streets of Chicago
Limitless incandescence
Clap, clap
Clap, clap the palms of their hands sing

Gypsies in Chicago
Poetry of perfect arches
Low red light
Esthetics in motion

Palms of the hand capturing poetry
14 Aprils, poetic rhythms
Shawls and guitars
Fire vibrates in the feet

The music is full of *duende* tonight
Of rhythm in the center
Clap, clap
Clap, clap the palms of their hands sing

"El jardín del poeta" de Van Gogh

Paredes hechiceras
Colores que estremecen el alma
De pronto, te encuentro
"El jardín del poeta"
Sala 241, la inesperada

El verde me envuelve
Entro en tu límite
En los sauces desbordándose
En el espacio del pintor
Jardín que absorbe

Tranquilidad infinita que devora
Creatividad ilimitada que seduce
Las ramas llevan la fuerza de sus dedos
La magia de su mano
La pasión infinita del pintor

"Jardín del poeta"
Con frondas sin fin que abrazan
Que invitan a soñar
Verde que inquieta
Al poeta en el jardín

"The Poet's Garden" of Van Gogh

Walls bewitched
Colors shake the soul
Suddenly, I find you
"The Poet's Garden"
Gallery 241, the unexpected

Green surrounds me
I enter into your limit
In the overflow of the weeping willow
In the space of the painter
Garden that absorbs

Endless tranquility that devours
Never ending creativity that seduces
Branches carry the strength of his fingers
The magic of his hand
Infinite passion of the painter

"The Poet's Garden"
Unlimited tree tops that embrace
Inviting to dream
Green that unsettles
The poet in the garden

Verde eterno

Estoy aquí
En esta tierra mítica
Por la casa de "American Gothic"

Estoy aquí
En medio de las praderas de verde eterno
Entre amarillos, verdes, negros
Con cielo turquesa
Seda blanca lo adorna

Árboles de vibrantes hojas amarillas
Hacen música con
Las cristalinas campanas de viento
Verde eternidad
Eterno verde, eterno

Quiero agarrarte para siempre
Atarte a mis manos
Praderas vivientes
Continuar con estas verdes
Onduladas colinas aterciopeladas

Eternal Green

Here I am
In this mythical land
By the "American Gothic" house

Here I am
In the midst of the eternal green prairies
In the midst of yellow, green, black
With turquoise sky
White silk adorns it

Trees of vibrant yellow leaves
Make music with
The crystal bells of wind
Green eternity
Eternal green, eternal

I want to grab ahold of you forever
Tie you to my hands
Living prairies
Continue with this green
Undulating velvety hills

Mujer rodeada de agua

Para el arte de Ana Mendieta y
la poesía de Federico García Lorca

"Verde que te quiero verde"
Dijo el poeta andaluz

Aquí, sólo es café,
Color de la tierra
Mujer rodeada de agua
Texturas de barro

Me sumerjo en las imágenes
Entre el agua que me rodea
El cuerpo se hunde
Suavemente en la tierra
Origen de mi sangre
De mi piel
De mis pensamientos

Me pierdo en el fango
Hasta tocar el fondo del océano
La hoja de papel se llena
Al ritmo del viento y los rayos del sol
Al ritmo de mis dedos en las teclas
Que dejan marcados para el infinito
Estos caracteres acústicos

"verde que te quiero, verde"
¿No ves que no hay verde?
Mujer rodeada de agua
De texturas infinitas
De manos que alcanzan

"Verde que te quiero, verde"
¡Que no es verde, que es café!

Woman Surrounded by Water

> To the art of A. Mendieta and
> the poetry of Federico Garcia Lorca

"Green, how I want you green"
Says the Andalusian poet

Here all is only brown
The color of the soil
Woman surrounded by water
Textures of clay

I submerge myself in the images
Into water that surrounds me
My body is sinking
Gently into the soil
The origin of my blood
Of my skin
Of my thoughts

I lose myself in the mud
Until reaching the depths of the sea
The blank sheet of paper is filled
With rhythm of wind and rays of the sun
To rhythm of my fingers on the keyboard
Which leave their trace for an infinity
These acoustic characters

"Green, how I want you green"
Don't you see there is no green?
Woman surrounded by water
Of infinite textures
Of hands that reach out

"Green, how I want you green"
Green it is not; brown it is!

Caminata vespertina en el Nelson-Atkins

Para Ana Mendieta

Los espacios están vacíos de ti, Ana
Tu cuerpo de fuego, ausente
Las texturas a las que tus manos
Dieron vida, no existen
Continúo la caminata vespertina
Entre las galerías
En silencio, buscándote

Afternoon Walk at the Nelson-Atkins

For Ana Mendieta

The spaces are empty of you, Ana
Your body of fire, absent
The textures your hands
Brought to life, don't exist
I continue my afternoon walk
Between galleries
In silence, seeking you out

Árbol de vida

Para Ana Mendieta

Anagada da vida
Árbol de vida
Anagada da vida
Árbol de vida
Anagada da vida
Árbol de vida
Anagada da vida
Árbol de vida
Anagada da vida
Vida
Mujer corteza
Vida
Vida mezclada
Mezclada en la madera
Vida madera
Madera
Mujer en la corteza
Mezcla de vida
Vida
Mujer de vida
De vida
Da vida
Anagada da vida
Anagada da vida
Árbol de vida
Siento
Siento
Siento
Siento en la mezcla
En la mezcla del viento
En la mezcla siento
Siento en el viento
En el viento siento
Siento la vida
Anagada da vida
Árbol de vida
Mujer corteza
De vida

Da vida
Vida
Vida siento
Siento
Siento
Siento en el viento
En el viento siento
Siento en la luz
En la luz yo siento
Siento en la luz y en el viento
Siento en el centro
Centro de vida
Anagada da vida
Árbol de vida
Anagada da vida
Corteza de vida
Mujer corteza
Las venas vibran
En las venas llevas
El corazón puesto
Puesto
Puesto
Puesto en la arena, puesto
Como arena puesto
Como arena que se barre
Que se barre con el viento
Siento
Yo siento
Te siento
Siento
Te siento
Siento
Te siento
Anagada da vida
Árbol de vida
Te invoco
Mujer corteza
Renace
Nace
Renace
Nace
Ten fuerza

No mueras
No mueras
Anagada da vida
Árbol de vida
Da vida
De vida
Anagada da vida
No temas
No temas
Anagada da vida
Anagada da vida
Anagada da vida
Anagada da vida
Árbol de vida
Anagada da vida
De vida
Da vida
Vida
Árbol de vida
Anagada da vida
Anagada de vida
Anagada da vida
Anagada de vida

Tree of Life
For Ana Mendieta

Anagada da vida
Árbol de vida
Anagada da vida
Tree de vida
Anagada da vida
Tree of vida
Anagada da vida
Tree of life
Anagada da vida
Life
Woman of bark
Life
Blending with life
Blending in the wood
Wooden life
Wood
Woman in the bark
Blend of life
Life
Woman of life
Of life, de vida
Offers life, da vida
Anagada da vida
Anagada da vida
Árbol de vida, tree of life
I sense
I sense
I sense
I sense in the motion
In the motion of the breeze
In the motion I sense
I sense in the breeze
In the breeze I sense
I sense life, la vida
Anagada da vida
Árbol de vida, tree of life
Woman of bark
Of life, de vida

Offers life, da vida
Vida, life
Life I sense
I sense
I sense
I sense in the breeze
In the breeze I sense
I sense in the light
In the light I sense
I sense in the light and the breeze
I sense in the center
Center of life, centro de vida
Anagada da vida
Árbol de vida
Anagada da vida
Corteza de vida, bark of life
Woman of bark
Vibrating veins
Within your veins
Your heart is present
Present
Present
Present in the sand, present
Present like sand
Like sand that is swept
Swept up with the breeze
I sense
I sense
I sense you
I sense
I sense you
I sense
I sense you
Anagada da vida
Árbol de vida
I invoke you
Woman of bark
She is reborn
She is born
She is reborn
She is born
Be strong

Don't die
Don't die
Anagada da vida
Árbol de vida
Da vida, offers life
De vida, of life
Anagada da vida
Don't be afraid
Don't be afraid
Anagada da vida
Anagada da vida
Anagada da vida
Anagada da vida
Árbol de vida
Anagada da vida
De vida, of life
Da vida, offers life
Life, vida
Tree of life, de vida
Anagada da vida
Anagada de vida
Anagada da vida
Anagada de vida

En la fuente del Alcázar de Córdoba

En la fuente redonda
Corre el agua

Se reflejan limones
Y naranjas

Ondas de luz
En la sombra del jardín

Una moneda en la fuente
Un deseo perdido

Esperanza fugaz
En las ondas de luz en agua

At the Fountain of the Alcazar of Cordoba

At the round fountain
Runs the water

Reflecting lemons
And oranges

Waves of light
In the shade of the garden

A coin in the fountain
A lost wish

Fleeting hope
In waves of light on water

Imperante necesidad

Cruzo la puerta de la Alhambra
Los caminos empedrados me conducen al pasado
Las sombras de los árboles me cobijan
El rumor del aire entre los naranjos dulces
Me susurra filigrana en la memoria

Gato gris oscuro bebe agua de una fuente vieja
Como alfombra mágica, al nivel del piso
"Gato con sed", mi mano escribe
Plasmo las palabras en papel
Primeras impresiones

Otro gato se acerca
Detrás de mí
Maúlla
Ronronea
Blanco, gato blanco

Me mira
Bebe de la alfombra de agua
A la sombra del naranjo
El viento suena entre las piedras moras
Los gruesos muros me dan la bienvenida

Prevailing Necessity

I cross the threshold of the Alhambra
Cobblestone roads direct me to the past
Shade of the trees shelters me
Murmur of air among sweet orange trees
Whispers filigree into my memory

Dark gray cat drinks water from an old fountain
As a magic carpet, at floor level
"Thirsty cat", my hand writes
Forging words onto paper
First impression

Another cat comes closer
Behind me
It meows
It purrs
White cat, white

It looks at me
Drinks from the carpet of water
Under shade of the orange tree
The wind sounds among Moorish stones
Thick walls welcome me

En las calles de Granada

Pudiera yo venir a una tetería como ésta todos los días de mi vida
Sentada junto a la fuente de agua cristalina
Con cortinas de seda color durazno

Pudiera caminar en una calle como ésta todos los días de mi vida
Con jugos de durazno, naranja y limón
Con olor en el ambiente a incienso milenario

Pudiera soñar a la luz de unas velas como éstas todas las noches de mi vida
Lámparas de cristales rojos
Y música marroquí

Pudiera recorrer estas calles todos los días de mi vida
Sentarme en los quicios de las puertas para ver la gente pasar
Escuchar las voces de los caminantes

Pudiera mirar estas paredes de filigrana cada atardecer de mi vida
Áureos muros que marcan el alma
Con mensajes secretos

Pudiera recorrer estas callejuelas cada paso de mi vida
En silencio, lentamente
Dejando huellas invisibles a mi andar

Pudiera escuchar estos cantos cada día de mi vida
Encantamientos musicales
Tradición oral del corazón

Pudiera
Si tan sólo pudiera
Si tan sólo pudiera
Pudiera

Along the Streets of Granada

I could come to a tea room like this one every day of my life
And sit next to the fountain of crystal water
With silk peach-colored curtains

I could walk along a street like this one every day of my life
With the juice of peaches, oranges, and lime
With aroma in the air of the incense

I could dream by candle light every night of my life
Red crystal lamps
And Moroccan music

I could stroll these streets every day of my life
And sit on the front step to see people pass
Listen to the voices of those walking

I could see these filigreed walls every sunset of my life
Golden walls that mark the soul
With secret messages

I could walk along these alleyways every step of my life
In silence, slowly
Leaving invisible foot prints from my gait

I could listen to these chants every day of my life
Musical enchantments
Oral traditions of the heart

I could
If I only could
If I only could
I could

Filigrana lingüística

Poesía es viento a través de papel picado
Rosa brillante y delicado
Con diseños intrínsecos, agitados

Es filigrana lingüística, plateada
Que fluye entre sinapsis y sinapsis
Iluminando mi imaginación

Poesía es sentimiento anaranjado
Traducido con precisión quirúrgica
Y colocado en el papel

Es respiración profunda
Espacio y palpitaciones rítmicas
Cadenciosas, excesivas

Es sonido de lluvia en el techo de la casa de mi madre
Olor a tierra mojada y bruma densa de la mañana
Fluido de recuerdos guardados en el corazón

Es sonido en el fondo de la cocina
De guisados literarios fundiendo sabores,
Vocablos de niñez

Poesía es caminata matutina
Con parvadas de aves iridiscentes tras de mí
Y una araña tímida escondiéndose a mi paso
Al hacer vibrar su telaraña húmeda con el ritmo de mis pisadas

Poesía es olor a mar enfurecido
Tu mano sobre mi mano
Vuelo amarillo de tucanes frente a mis ojos
Palabra sagrada plasmada en papel

Linguistic Filigree

Poetry is wind through cut paper
Brilliant pink and delicate
With intrinsic designs, agitated

It is silver-plate linguistic filigree
Flowing between synapses and synapses
Illuminating my imagination

Poetry is a feeling of orange
Translated with surgical precision
And placed on paper

It is breathing deep
Space and rhythmic palpitations
Liltingly excessive

It is the sound of the rain on the roof of my mother's house
The smell of moistened earth and thick mist in the morning
Torrent of memories kept in the heart

It is the sound of the back corner of the kitchen
Of literary stews melting flavors
Childhood words

Poetry is a morning walk
With a flock of iridescent birds behind me
And a timid spider hiding itself underfoot
Its wet spider web shaking with my footsteps

Poetry is the smell of an enraged sea
His hand over my hand
Yellow flight of toucans before my eyes
Sacred word engraved on paper

Rubíes en la piel

Rubíes incrustados en la piel cubren mi pecho
Los recorro con los dedos
Uno por uno frente al espejo de agua

Un hilo de jugo de pomelo escurre por mi cuello
Roja humedad que absorben mis poros
Hasta conectar con el corazón

Corazón que revienta como granada madura
En mil semillas dulces rojas
Que salpican tu paz

Tus ojos observan rubíes incrustados en mi piel
Tu nariz aspira el olor a jugo de pomelo
A granada madura

Te siento por la noche
Rebanadas de rubí
Se funden entre mis labios

Me despiertan tus poemas
Cuando los lees en voz baja
Susurrándolos

Veo tu boca llena de rubíes
Tus manos convertidas en agua
Que bebo con el corazón abierto

Te miro a lo lejos
Y descubro
Un rubí incrustado, en tu lengua

Rubies in the Skin

Rubies mounted in my skin cover my chest
I caress them with my fingers
One by one in front of the mirror of water

A thread of grapefruit juice runs down my neck
Red humidity absorbed by my pores
Until connecting with my heart

Heart that bursts like ripe pomegranates
Into a thousand sweet red seeds
Sprinkling your peace

Your eyes observe rubies mounted in my skin
Your nose takes in the aroma of grapefruit juice
Of ripe pomegranate

I feel you at night
Ruby slices
Melting between my lips

Your poems awake me
When you read them softly
Whispering them

I see your mouth filled with rubies
And your hands change into water
That I drink with an open heart

I see you from afar
And I discover
A ruby in your tongue, mounted

Acknowledgments

Thank you to the editors of literary journals, anthologies and websites, in and on which versions of some of the poems of this volume have previously appeared:

"Imagen Digital/Digital Image" in *Pilgrimage Magazine*
"Mujer" in *Primera Página: Poetry From the Latino Heartland*
"Anillos de piedra" in *Revista Zona de Ocio*
"Bajo mi árbol de mangos" in *PALABRA A Magazine of Chicano & Latino Literary Art*
"Día de muertos" in *Presentmagazine.com*
"Luz de octubre/October Light" in *Presentmagazine.com*
"Conjuro" in *Primera Página: Poetry From the Latino Heartland*
"Hijos de Lautaro/Children of Lautaro" in *Antiquechildren.com*
"Hoy mujeres y hombres" in *Poets Responding to SB 1070* and *Poetry of Resistance: A Multi-Cultural Response to AZ SB 1070 and Other Xenophobic Laws*
"Fukushima Daiichi 1" in *Poets Responding to SB 1070 and LaBloga*
"De sinónimos, eufemismos y otros tropos" in *Poets Responding to SB 1070, LaBloga* and *Poetry of Resistance: A Multi-Cultural Response to AZ SB 1070 and Other Xenophobic Laws*
"El dragón de fuego/The Dragon of Fire" in *Antiquechildren.com*
"Anoche soñé con la niebla" in *Revista Zona de ocio* and *Thorny Locust*
"Last Night I Dreamt About the Fog" in *Thorny Locust*
"Árboles de niñez" in *Revista Zona de Ocio*
"Mujer rodeada de agua" in *Revista Zona de Ocio*
"Woman Surrounded by Water" in *jocolibrary.org*
"Yanga" *Revista Zona de Ocio and Corazón Pintado. Ekphrastic Poems.*

Thanks to Francisco Aragón, Francisco X. Alarcón, Brenda Cárdenas and Rigoberto González for their support and encouragement. Thanks to Fred Arroyo for his attentive reading.

To Sandra Kingery for translating, "Fukushima Daiishi 1" and "Tree of Life". Sandra Kingery is Professor of Spanish at Lycoming College (Williamsport, PA). She has published translations by Ana María Moix, René Vázquez Díaz, Daniel Innerarity, and Julio Cortázar.

Gracias a Chán por permitirme usar la imagen para la portada. Chán es un artista de México que trabaja oleo, acuarela y grabado. Tiene su estudio en la ciudad de Xalapa, Veracruz, México.

Mil gracias a Denise Low-Weso and Tom Weso for your magic, experience and support.

Para Stephen Holland-Wempe, my love, y todas mis palabras.

Rafaela y Emilio gracias porque como individuos trajeron la creatividad a mi vida.

A mis hermanos Xiuhnelli, Ollin Tonatiuh, Tzununi y Metzunalli.

A Mariana e Iqui Balám la nueva generación.

A mis dos almas perdidas que por siempre llevaré en mi corazón.

Xánath Caraza is a traveler, educator, poet and short story writer. Originally from Xalapa, Veracruz, Mexico, she has lived in Vermont and Kansas City. She has an M.A. in Romance Languages and lectures in Foreign Languages and Literatures at the University of Missouri-Kansas City. Her chapbook *Corazón Pintado: Ekphrastic Poems* (2012) is from TL Press. She won the 2003 Ediciones Nuevo Espacio international short story contest in Spanish and was a 2008 finalist for the first international John Barry Award. She has published fiction and poetry widely in the United States, Mexico and Spain. Caraza is an advisory circle member of the Con Tinta literary organization and a former board member of the Latino Writers Collective in Kansas City. Her Day of the Dead artwork has been exhibited at the Nelson-Atkins Museum of Art, Kansas City. She has taught in Mexico, Brazil, China, Spain and the US. Caraza is currently working on a collection of ekphrastic poems with the artist Juan Chawuk and another collection, *Lo que trae la marea / What the Tide Brings In: Short Stories, Flash Fiction and Poetry*, forthcoming from Mouthfeel Press in 2013.

José Jesús Chán Guzmán (Chán), cover artist, has participated in international collective shows in Mexico, the United States, England, France, Spain, Puerto Rico, and Canada. Chán graduated from the School of Fine Arts, University of Veracruz, in Xalapa, Mexico. Among his awards is the Ramon Alva de a Canal Award. Currently, he lives in Xalapa, Veracruz, Mexico with his wife and two dogs.

MAMMOTH PUBLICATIONS BOOKS

*Available in Kindle format as well as print

Barnes, Barry	We Sleep In a Burning House: Poems (2009) $10
Caraza, Xánath	Conjuro: Poems (English/Spanish/Nahuatl, 2012) $18
Day, Robert	We Should Have Come by Water: Poems $10 Fine press ed. $20
Glancy, Diane	It Was Then (Poems, 2012) $12
	*Now It Is Snowing Inside a Psalm (Prose, 2011) $12
	Stories of the Driven World (Poems 2010) $14 hardback $20
Holden, Jonathan	*Glamour: Poems (2011) $12
Hotvedt, Paul & Denise Low, 3 Voices (paintings, readings, interview) DVD $10, Artist Book edition $20	
Low, Denise	To the Stars: Kansas Poets of the Ad Astra Project (2009) $12
	New & Selected Poems (1999, 2nd ed. 2009) $15
Myers, Lana	Prairie Rhythms Poetry & Life of May Wms. Ward (2010) $16
Milk, Theresa	*Haskell Institute: 19th Century Stories (Prose 2009) $20
Mirriam-Goldberg, Caryn	Landed: Poems $12; w. CD (Kelley Hunt) $20
Schultz, Elizabeth	*White-Skin Deer: Hoopa Stories (Prose 2010) $10
Sheldon, William	Rain Comes Riding (Poems 2011) $12
Tambornino, Pam	*Maggie's Story: Cherokee Teachings $14, hardback $24
Two-Rivers, E. Donald	Fat Cats, Powwows (Poems, 2003) $12, 2nd ed.
Weso, Tom & Denise Low	Langston Hughes in Lawrence (Prose 2009) $15, hardback $24
Weso, Tom, editor	*Wisconsin Indigenous News: Menominee, Oneida, Ojib. $12

Mammoth Publications, 1916 Stratford Rd. Lawrence, KS 66044. Mail, add $2. Kansas residents add 6.3%. Checks payable to Mammoth Publications.
mammothpubs@hotmail.com   www.mammothpublications.com

Praise for Xánath Caraza's Conjuro:

"What makes Xánath Caraza an outstanding author is not where she's from or who her friends are. My personal feelings set aside, it's the words and sounds she puts on paper that make her a poet worth experiencing. Caraza is powerful both when read and listened to live. The sound of her voice and her presence when she reads her work are astonishing."
    Mercedes Aguirre Sullivan

"Caraza is a trilingual genius. She presents her own Indigenous language, Nahuatl (spoken by Aztec people), in all its complexities. Then she recrafts it into Spanish and English. Underlying all, though, is her profound understanding of the power of words. Her incantations conjured in this book bind together all in one spell. This is a spiritual practice of the highest order. Conjuro is an original, breakthrough book."
    Denise Low

"Conjuro is a magnificent tour de force. Caraza's poetry weaves together a tapestry of languages, places, and time. She calls forth the oppressed, the forgotten. They speak to her--and through her."
    Judith Falzon

Top Ten New Latino Authors to Watch:. ""LatinoStories had the pleasure of reviewing Caraza's first major poetry collection, and it did not disappoint. Caraza's gem shines as it conjures the magic of words. Expect to hear her name more and more in the coming years, as this revolutionary poet makes waves in the literary world."
    Jose B. Gonzalez

Conjuro is an educational text about living within the words, a spirit dancing as if by a voodoo call and existing as the flesh—the terrain from which the language springs. The work is deeply feminine, traveling within hips and hands through thought and time, and because of it. Woman is color; memory is color; legacy is color."
    Lonita Cook

Praise for Xánath Caraza's Corazon Pintado: Ekphrastic Poems:

"In her bilingual chapbook ... traveler, educator and short story writer Xánath Caraza conjures up a collection of ekphrastic poems that summon both the indigenous and African roots of Mexico and take the reader through a trip of visual and rhythmic narratives that descend "into the heart of things."
    Lauro Vazquez, Letras Latinas

www.ingramcontent.com/pod-product-compliance
Lightning Source LLC
Chambersburg PA
CBHW022136080426
42734CB00006B/381